정읍 최초 임란 의병장
민여운 선생
-그 업적의 역사적 의미와 가치-

전북대학교 농악/풍물굿 연구소 총서 07
정읍 최초 임란 의병장 민여운 선생
- 그 업적의 역사적 의미와 가치 -

초판1쇄 발행 2024년 3월 30일

지은이 김덕진 · 김만호 · 김익두 · 민득기 · 박대길
펴낸이 홍종화

주간 조승연
편집 · 디자인 오경희 · 조정화 · 오성현
　　　　　　　 신나래 · 박선주 · 정성희
관리 박정대

펴낸곳 민속원
창업 홍기원
출판등록 제1990-000045호
주소 서울 마포구 토정로25길 41(대흥동 337-25)
전화 02) 804-3320, 805-3320, 806-3320(代)
팩스 02) 802-3346
이메일 minsok1@chollian.net, minsokwon@naver.com
홈페이지 www.minsokwon.com

ISBN　978-89-285-1989-7　94910
SET　　978-89-285-0871-6

ⓒ 김덕진 · 김만호 · 김익두 · 민득기 · 박대길, 2024
ⓒ 민속원, 2024, Printed in Seoul, Korea

이 책은 저작권법에 따라 보호를 받는 저작물이므로 무단전재와 복제를 금지하며,
이 책의 전부 또는 일부를 이용하려면 반드시 저작권자와 출판사의 서면동의를 받아야 합니다.

전북대학교 농악/풍물굿 연구소 총서 07

정읍 최초 임란 의병장 민여운 선생

그 업적의 역사적 의미와 가치

김익두 외

민속원

머리말

주하다시피, 정읍은 우리나라 최대의 '의인義人'의 고장입니다.

조선 중기 선조 때에 일어난 임진왜란에 나라를 구하기 위해 초기의 호남의병을 일으킨 건재 김천일 의병장도 정읍 태인 분동 일재一齋 이항李恒 선생의 수제자요, 우리나라 최대의 역사서『조선왕조실록』을 임난 전화의 잿더미 속에서 구해내어 보존한 안의安義·손홍록孫弘祿 같은 의로운 분들도 정읍 출신으로서, 태인 일재 이항 선생의 제자들이요, 임진왜란 당시 성웅 이순신의 좌우에서 끝까지 보필한 신호申浩 장군 등의 중요한 장수들도 정읍 출신 부장들이 있었습니다.

갑오동학농민혁명 당시에 이 혁명을 주도한 전봉준·김개남·손화중 같은 대단한 의인들도 다 정읍이 낳은 쟁쟁한 장수들이었고, 그 후 구한말 일제가 우리나라를 침범해올 당시 다시 면암 최익현 선생이 나라의 의기를 바로 세우기 위해 호남 최초로 의병을 일으킨 곳도 바로 우리 정읍 칠보 무성서원武城書院이었습니다.

일제가 우리나라를 침탈·강점한 뒤에도, 우리 정읍은 기미 독립선언 33인 중의 한 분이신 정읍 산외 박준승 선생을 비롯하여, 수많은 의인들이 일어서서 독립운동을 전개한 고장이기도 합니다. 가장 최근에는 우리 민족 근현대사의 가장 드높으신 어른 백범 김구 선생을 저격하여 서거케 한 우리 민족 근현대사의 가장 야만적인 배신자 안두희安斗熙를 자신의 정의봉으로 처단한 박기서 선생이 태어난 고장도 바로 우리 정읍입니다.

우리 정읍 사람들은 이처럼 우리나라가 풍전등화風前燈火로 흔들릴 때마다 의연히 들고 일어나, 이 나라를 구하는 최전선에서 자신을 초개草芥처럼 불살라 헌신하였습니다.

그러나 이러한 제1의 의인 고장 정읍에는 아직도 우리가 관심을 두지 않아 초야에 묻혀 계시는 수많은 의인·열사들이 계십니다.

이런 분들 중에, 우리가 이 책을 통해서 처음으로 세상에 드러내어 드높이고자 하는 의인·열사는 바로 임진왜란 당시에 태인에서 거병擧兵하신 의병장 민여운閔汝雲 선생이십니다. 이분은 1592년 임진년 5~6월 경에 정읍 태인·칠보에서 처음으로 의병을 일으켜 경상도 김천 석현전투 및 진주성 2차 전투에 참가하시어, 진주성 2차 전투에서 김천일·최경회 선생 등과 함께 순절하신 분으로, 그에 관련된 역사적 사실들이 『조선왕조실록』·『호남절의록』·『학봉일고』·『백사별집』·『태인삼강록』·『김천시사』 등의 역사 기록에 명약관화하게 기록되어 있습니다.

이분이 전개한 가장 중요한 의병사적 특징 중의 하나는, 의병군 군대를 우리 정읍의 의병들로 200~300명의 의병군들로 구성하여, 1년 이상이나 유지하고 이끌어간 유일한 임난 의병조직이었다는 점이겠습니다.

그럼에도 불구하고, 그동안 우리 정읍에서조차 이런 대단한 의병장이 남기신 업적과 그에 대한 역사적 해석과 가치평가 작업이 제대로 이루어지지 않았다는 안타까움이 늘 있어오던 차에, 이번에 이 책을 발간하게 되었습니다.

이 책자 발간을 계기로 하여, 정읍 임난壬亂 의병장 민여운 선생에 대한 학계와 국민 여러분의 깊은 관심과, 이를 통한 민여운 선생 및 호남 의병에 관한 새로운 학술적 논의와 평가의 중요한 계기가 되기를 소망합니다.

2024년 5월 1일

사단법인 민족문화연구소장, 정읍학연구회장 김익두 삼가.

차례

머리말 004

제1장 임진왜란 당시 호남의병과 정읍 _김덕진   009

1. 서언   011
2. 임란 호남의병의 역사적 의의   012
3. 정읍 사람들의 의병활동   015
4. 결어 : 의병의 전통을 이어서   025

제2장 임진왜란 시기 민여운의 의병활동 _김만호   031

1. 서언   033
2. 민여운의 의병 창의   035
3. 제2차 진주성 전투와 민여운   050
4. 결어   059

제3장 '정읍학'의 입장에서 본 의병장 민여운 선생 관련 사료들의 의미와 가치 _김익두   061

1. 서언   063
2. 민여운 선생 관련 의병 활동 자료들   065
3. 조사된 자료들을 통해 본 정읍 의병장 민여운 선생의 삶과 업적   084
4. 결어 : '정읍학'의 입장에서 보는 민여운   090

제4장 유족의 입장에서 본 민여운 의병대 _ 민득기 — 093

1. 서언 : 창의와 후원 — 095
2. 민여운 부대의 진군로 - 경상도를 향하여 — 104
3. 석현[돌고개] 전투 — 110
4. 진주성 싸움 — 113
5. 민여운과 정윤근 — 123
6. 결어 — 125

제5장 임진왜란 의병장 민여운 선양사업의 방향과 방안 _ 박대길 — 129

1. 서언 — 131
2. 민여운 의병장 관련 사료 및 유적지 — 132
3. 선양사업의 방향과 방안 — 152
4. 결어 — 157

|부록| 의병장 민여운 선생 관련 사료 165
|참고문헌| 187
|찾아보기| 190

제1장
임진왜란 당시 호남의병과 정읍

김덕진
광주교육대학교 교수

1. 서언
2. 임란 호남의병의 역사적 의의
3. 정읍 사람들의 의병활동
4. 결어 : 의병의 전통을 이어서

1. 서언

　임진왜란 극복의 중심적 역할을 한 곳은 자타가 공인하는 전라도였다. 이와 관련하여, 임진왜란이 한창이던 1596년(선조 29)에 이원익李元翼은 "전라도는 임진년의 병란 이후로 국가에 공이 많거니와, 양반 중에서 근왕勤王한 자는 다 호남 사람입니다."고 말하였다. 비슷한 시기에, 이순신李舜臣(1545~1598) 장군도 영암 현씨가에 보낸 편지에서 '약무호남若無湖南 시무국가是無國家'라며, 이원익과 거의 같은 말을 했다. 1794년(정조 18)에 제주목사 심낙수는 임진왜란 때에 나라를 중흥시킨 것은 '호남의 힘'이었다고 말했다.
　이상의 말을 종합하면, 임진왜란 극복에 호남의병의 역할이 얼마나 지대하였는가를 잘 알 수 있다. 따라서 필자는 본 논문에서 임진왜란 때 호남사람들의 거의擧義가 갖는 역사적 의의를 말씀드리고자 한다.
　그러면 이때 오늘날 정읍井邑[1] 사람들은 어떠하였을까? 많은 정읍 사람들이 임진왜란 때 거의擧義를 하여 여러 곳에서 다양하게 활약하였다. 그리하여 정읍의 시사市史나 의병사에서 일찍이 다루어진 적이 있고,[2] 정읍 출신 거의자擧義者 또는 정읍에서의 의병활동 및 정읍 사람들의 『조선왕조실록』 이안移安에 대한 연구를 행한 논문도 있지만,[3] 아직 이 점에 대한 체계적 정리에까지는 미치지 못한 것 같다. 이러한 상황에서, 필자는 본고에서 임진왜란 당시 정읍 사람들의 의병봉기의 양상과 그 의미를 말씀드리고자 한다.

1　오늘날 정읍이란 조선시대의 정읍현·태인현·고부군 등 세 고을을 말한다. 이들 세 고을은 일제 강점기 1914년 '정읍군'이란 이름으로 하나로 통합되어 오늘에 이른다.
2　정읍시사편찬위원회, 『정읍시사』, 2003. 최현식, 『정읍의병사』, 정읍문화원, 2006.
3　하태규, 「정유재란기 전라도 지방의 의병활동에 대하여」, 『한일관계사연구』 10, 한일관계사학회, 1999. 이선아, 「전라도 고부 의성김씨의 도계서원과 호남 노론」, 『지방사와 지방문화』 19-2, 역사문화학회, 2016. 이동희, 「전주사고본《조선왕조실록》의 정읍 내장산 이안과 수호」, 『조선시대사학보』 98, 조선시대사학회, 2021. 노영구, 「정유재란 시기 전라도 지역 일본군 동향과 조선의 대응」, 『전북사학』 65, 전북사학회, 2022.

2. 임란 호남의병의 역사적 의의

1) 임란 극복의 원동력은 호남의병

우선, 거의擧義의 배경이 되는 임진왜란의 초기 전쟁 전개 과정을 알아볼 필요가 있다. 1592년(선조 25) 4월 14일, 왜군이 부산진성을 공격함으로써 임진왜란은 발발하였다. 왜군이 동래부성·탄금대를 함락하고 북진을 거듭해오자, 조정은 30일 서울을 출발하여 서쪽으로의 파천播遷 길에 올랐다. 선조는 개성을 거쳐 5월 7일 평양에 이른 후 평양사수 계획을 천명하였다. 그러나 이도 여의치 않아 6월 11일 평양을 떠나 23일 의주에 이르러 의주목사 숙소에 임시 궁궐을 정하였다.

선조는 4월 30일 서울을 떠나 서쪽으로 향하였고, 왜군은 5월 3일 한양을 함락시켰다. 이 사실을 전라도 사람들이 알게 된 때는 5월 6일 무렵이다. 곧바로 일부 인사들은 거의擧義를 논의하기 시작하였다. 그렇지만 남쪽 백성들 대부분은 임금이 서쪽으로 떠났다는 말만 들었을 뿐, 임금이 어디에 어떻게 있는지 정확하게 모르고 있었기 때문에, 거의擧義는 별다른 진척 없이 지연되고 있었다. 임금이 서쪽으로 갔다는 말만 들었을 뿐 무엇이 어떻게 되어가고 있는지를 몰라, 어떻게 해야 할지를 결정하지 못하고, 망연자실 상태로 나날을 보내는 이가 대부분이었다.

그때 병력 보충을 위해 사신을 남쪽에 보내어 임금을 지키는 근왕병勤王兵을 일으키게 하는 것이 좋겠다는 비변사備邊司의 건의에 따라, 임금을 호위하고 있는 윤승훈尹承勳이 무유어사撫諭御史란 직책을 띠고 바닷길로 5월 말 전라도에 내려왔다.⁴ 그가 가지고 온 임금의 호소문 속에는 남쪽 근왕병을 고대하고

---

4 『선조실록』 권26, 선조 25년 5월 24일(계미). 윤승훈을 바닷길로 호남에 보낸 날자가 『연려실기술』에는 6월 23일자로 나온다.

있다는 선조의 당부가 담겨 있었다.

이로 인해 전라도 사람들은 비로소 임금이 평양에 가 있고, 전황戰況이 매우 위급하다는 것을 알게 되었다. 이 사실을 알고부터 전라도 곳곳에서 의병이 일어나, 마침내 고경명은 담양에서 5월 29일, 김천일은 나주에서 6월 3일 각각 출정식을 가졌던 것이다.

전라도 곳곳에서 고하와 비천을 따지지 않고 거의擧義에 동참하였다. 어떤 이는 형제간에 또는 부자간에 참여하였다. 어떤 이는 스승과 제자가 함께 거의 대열에 뛰어들었다. 어떤 이는 곡물을 내거나 군병을 모았다. 어떤 이는 노모를 동생에게 맡기거나 상중인데도 집을 나섰다. 종도 주인의 말고삐를 잡고 함께 길을 나섰고, 부모가 왜란에 순절하여 홀로 남은 어린 자녀를 노비가 자기 자식처럼 돌본 경우도 있었다. 이러한 공동체 정신은 이후 정묘·병자호란 때에도 재현되었고, 19세기말~20세기초 항일 의병·독립 운동으로까지 이어졌다. 바로 이 점이 전라도 의병이 갖는 첫 번째 역사적 의의가 되겠다.

그들은 처음에는 임금을 지키자는 근왕勤王에서 출발하였지만, 지역이 위험에 노출되자 지역방어에 나섰고, 이웃이 위태롭게 되자 경기도·경상도에까지 진출하였다. 이치·웅치·금산 등지에서의 전투는 전라도를 사수하여, '모군모속募軍募屬'을 가능케 해 조선군의 전투력 증강에 기여하였고, 강화도·수원·진주 등지에서의 전투는 서울을 탈환하고 경상도를 지키는 데에 기여하였다. 의병 가운데는 관군에 투신하여 임금의 근위병 충원은 물론이고, 권율의 행주대첩과 이순신의 해전승리에 공헌하기도 하였다. 바로 이 점이 전라도 의병이 갖는 두 번째 역사적 의의가 되겠다.

2) 학자·관료들의 솔선수범 거의擧義

전라도에서 의병이 대대적으로 일어난 데에는 학자이면서 관직을 역임한 엘리트층의 솔선수범에 있었다. 관군에 대한 기대가 절망으로 끝나자, 유생儒

生·사족士族을 중심으로 한 의병이 조직되었다. 엘리트층의 솔선수범은 전 지역적인 추동력을 발휘하기에 충분하였다.[5]

이 대목에서 우리는 제봉 고경명高敬命을 주목하지 않을 수 없다. 고경명은 문과 장원 급제자로서 관직을 역임한 후 고향에 머물고 있다가, 두 아들과 함께 창의를 하였다. 1592년 7월 9일 금산전투에서 고경명의 장렬한 순절은 이후 전라도 의병이 대대적으로 일어나는 데에 큰 영향을 미쳤다. 이 점은 안방준安邦俊이 1632년(인조 10)에 이귀李貴에게 보낸 편지 속에 밝혀져 있다. 그는 이 편지에서 임진왜란을 극복한 것은 호남이 보전된 데 연유하고, 호남이 보전된 것은 여러 의병이 봉기한 데 연유하고, 여러 의병이 봉기한 것은 고경명이 앞장 선 데 연유한다고 하였다.[6] 안방준을 포함한 호남의 엘리트들은 임진왜란 극복의 원동력을 '호남 의병'의 봉기로 인식하고 있었다.

반대의 경우도 우리는 주목하지 않을 수 없다. 김덕령金德齡의 억울한 죽음은 의병의 열기를 빼앗아갔다는 데에 반면교사反面敎師 감이다. 왜란이 일어나자 김덕령이 무등산 주검동에서 대검을 주조했다. 검이 완성되자 산이 우레 같은 소리를 내고 흰 기운이 골짜기로부터 하늘에 뻗치기를 수일간 지속되었다. 이 칼을 차고서 김덕령이 의병을 일으켰다. 거의擧義한 날 고려말 왜구를 물리친 정지 장군의 갑옷을 입고, 정지의 무덤에 제를 올렸다. 병자호란 때 광주 사람 유평柳砰이 의병 출정식을 읍성 밖 절양루에서 거행할 때도 이 정지鄭地 장군 갑옷을 입었다. 이 갑옷은 현재 광주시립역사민속박물관에 소장되어 있다.[7]

---

5   송정현, 「임진왜란과 호남의병」, 『조선사회와 임진의병 연구』, 학연문화사, 1998.
6   壬辰之恢復 由於湖南之保全, 湖南之保全 由於諸義兵之起, 諸義兵之起 由於高霽峯之首事(안방준, 『은봉전서』 3, 「與延平李相公貴別紙 壬申十一月日」).
    안방준은 임진왜란의 승리가 이순신의 수전에 있다는 점도 부정하지 않았다. 使後人知國家之恢復 由於湖南之保全 湖南之保全 由於舜臣之水戰 舜臣之水戰 皆出於鹿島萬戶鄭運首事嘗試之力也(『은봉전서』 7, 기사, 「釜山記事」). 이렇게 보면, 임란극복의 원동력은 호남의병과 조선수군의 두 축으로 볼 수 있다.

출정식을 마치고 김덕령은 담양을 거쳐 남원에 이르러 요천 옆에 있는 밤나무 숲에 진을 쳤다. 경상도 진주에 이르러 진을 치니 정부로부터 '익호장군'이란 칭호를 받았다. 의령 등 경남 서부지역에서 권율·곽재우와 함께 왜적을 물리쳤다. 왜군과 휴전 협상을 하고 있던 명나라 장수는 전투 중지령을 내렸다. 그래도 김덕령은 거제도·고성 등지에 상륙하려는 왜적을 공격하여 막아냈다. 그때 충청도 홍산에서 이몽학이 반란을 일으켰다. 김덕령이 이몽학과 내통했다는 무고가 들어왔다. 이몽학이 처음 군사를 일으킬 때에 그의 무리들에게 속여 "김덕령이 나와 약속이 있고, 도원수·병사·수사도 다 내통되어 있으므로 반드시 호응할 것이다."고 말하였다. 김덕령은 서울로 압송되어 6차례의 형문을 받고 그만 감옥에서 죽고 말았다.

이 소식을 들은 사람들은 도처에서 원통하게 여기고 가슴 아파했다. 나라를 위해 싸우다 죄인이 되어 시신으로 돌아온 김덕령을 목격한 전라도 선비들은 더 이상 의병을 일으키지 않고 자취를 감추고 말았다. 대검을 주조할 때에 하늘이 울었고, 그 칼을 차고 출정식을 치를 때 칼이 허리춤에서 떨어진 것이 이 억울한 죽음의 징조였다고 사람들은 쑥덕거렸다. 후세 지식인들은 선조가 패전의 책임자를 찾기 위해 김덕령을 희생 제물로 삼았다는 평가도 내놓았다.[8]

3. 정읍 사람들의 의병활동

여기에서는 정읍 사람들이 어디에서 창의하였는지, 그리고 어디에서 왜군과 전투를 펼쳤는지, 창의하여 무엇을 하였는지 등을 알아보겠다.

---

7 김덕진, 『전라도의 탄생』 1, 2018, 115쪽.
8 조원래, 「김덕령의 의병활동과 그 성격」, 『임진왜란과 호남지방의 의병항쟁』, 아세아문화사, 2001.

1) 임금을 지키자 : 남문창의

조선시대에 무기를 집어 들고 군병을 무장시키는 일은, 임금을 지키라거나 외적을 물리치라거나 등 임금의 명령에 의해서만 가능하였다. 나머지 행위는 반란이었다. 이때도 오직 근왕勤王을 위해서 창의를 하였기 때문에, 이때 의병을 '근왕 의병勤王義兵'이라고 한다.

김경수金景壽에 의해 주도된 장성 남문에서의 거의擧義를 '남문창의'라고 한다. 일자는 1592년 7월 18일로 보고 있다.[9] 이 창의자를 배양하는 사우가 장성에 있는 오산사鰲山祠이다. 그 사지가 바로 『오산사지』인데, 여기의 「제현사실」에 73명의 행적이 수록되어 있다. 그 속에 정읍 사람으로 김제민·엽·흔·안 부자, 이수일, 유희진·희문·희사 형제, 도강김씨 김후진·대립 등이 보인다. 한편, 『호남절의록』에도 유희진, 이수일, 김제민, 김엽, 김흔, 김안, 이경주 등이 보인다.

이들은 장성 남문에서 창의할 때 곡물을 내거나 군병을 제공하였고, 그 가운데는 나중에 각지의 전투에 참여한 이도 있었다. 특히 이들이 낸 곡물은 의병의 식량이나 명군의 식량은 물론이고, 재력이 열악한 의주 행재소에 운송되어 그곳의 재원으로도 사용되었다.

2) 전라도를 막자

(1) 금산·웅치·이치전투

고경명高敬命은 임진왜란이 발발하자 아들과 함께 창의하여 5월 29일에 6천여 명에 이르는 대규모 의병을 담양에서 모았다. 이는 남원의 양대박梁大樸·

---

9 김만호, 「조선후기 장성 지역의 남문창의 기억과 그 의미」, 『역사학연구』 67, 호남사학회, 2017, 44쪽.

안영安瑛 의병장과 옥과의 유팽로柳彭老 의병장의 합세에 힘입은 것이었다. 고경명은 담양을 출발하여 북상 길에 올랐다. 전주를 거쳐 여산에 이르러 격문을 각지에 보내어 동참을 호소하니, 여러 고을의 수령과 백성들로부터 열렬한 호응과 지원을 받았다. 충청도 은진에 이르렀을 때 왜군이 금산을 거쳐 전주에 침입하려 한다는 첩보를 들었다. 함경도까지 유린한 왜군은 군량 확보를 위해 곡창 지대인 전라도에 대한 공략을 서두르고 있었던 것이다.

북상하여 임금을 구하는 것도 중요하지만, 만약 전주가 무너지면 전라도 전체 형세가 위급하고, 게다가 전주는 어진御眞과 사고史庫가 있는 곳이어서 부득이 먼저 구할 수밖에 없었다. 그래서 고경명은 전주를 지키기 위해 왜군이 머물고 있는 금산으로 향하였다.[10] 7월 9일에 관군과 함께 금산성을 좌우에서 공격하기 시작했다. 다음날까지 이어진 전투에서 왜군의 집중 공격으로 관군이 먼저 무너지고, 이어서 의병도 패퇴하고 말았다. 이 전투에서 고경명과 그의 차남 고인후, 부장 안영과 유팽로 등이 순국하였고, 사후 이들은 광주 포충사에 배향되었다. 금산성도 파괴되어 영원히 복구되지 못하고 말았다.[11]

금산을 점거한 왜군은 두 갈래로 나뉘어 전주로 들어가려고 하였다. 한 부대는 용담과 진안을 친 다음 험한 웅치를 넘어 전주로 들어가려고 하였다. 이에 웅치에서 호남의 관군과 의병이 왜군과 맞서 적병 수백 명을 죽이는 전과를 올리었으나, 나주판관 이복남은 퇴각하고, 김제군수 정담과 해남현감 변응정 등은 순절하고 말았다. 의병장 김제민도 웅치로 들어가 싸우다 아들 안을 잃고 말았다.[12]

10　금산군과 진산현은 조선시대 때 전라도 소속이었고, 1896년 남북 분도 때 전라북도 소속이었고, 1914년 금산군·진산군이 '금산군'으로 통합되어 그대로 전북 소속이었다. 그러다가 금산군은 1963년 충청남도로 편입되어 오늘에 이른다.
11　조원래, 「두 차례의 금산전투와 그 전략적 의의」, 『임진왜란사 연구의 새로운 관점』, 아세아문화사, 2011.
12　전라문화연구소, 『임진왜란 웅치전투와 그 전적지』, 선명, 2006.

또 한 부대는 진산을 친 후 이치를 거쳐 전주로 들어가려고 하였다. 이치에서 도절제사 권율權慄과 동복현감 황진黃進 및 고부 출신 의병장 김제민金齊閔과 함열 출신 의병장 황박 등이 7월 20일 왜군에 맞서 대혈전을 벌였다. 왜군은 시체가 길게 널려 있을 정도로 많은 사상자를 내고 전의를 상실한 채 금산으로 후퇴하였다. 이치대첩은 임진왜란 초기 육전에서의 전세를 뒤엎는 전기를 마련하였다는 점에서 의의가 크다.[13]

이처럼 금산성 전투에서 전라도 최대의 의병군은 무너지고 말았다. 그러나 금산성 전투, 웅치 전투, 이치전투를 통해 왜군의 기세는 꺾이어 왜군으로 하여금 전주 공격을 단념하게 하였을 뿐만 아니라, 전라도 사람들의 의병 봉기를 촉진시키기도 하였다.

이때 정읍 사람으로 김신문과 전용관이 고경명 의병진에서, 이환은 조헌 의병진에서, 김진태金振兌는 웅치 전투에서 활약하였다. 김진태의 경우 무과 급제 후 선천부사로 임명되었다가, 진안에 유배 중에 웅치 전투에 나가 싸우다가 순절하였다. 의병이 되어 관군에 투신한 이도 있는데, 백광언과 전덕린이 이광 순찰사 진영에서, 그리고 배홍립과 이대축이 이순신 진영에서 활약하였다. 이 외에 의병은 아니지만, 고부 출신의 동래부사 송상현의 장렬한 순절은 임란극복의 한 표상이 되기도 하였다.

(2) 제2차 진주성 전투

김천일金千鎰은 담양부사 임기를 마치고 고향에 내려와 나주 향리의 서재에 머물고 있었다. 손죽도 왜변으로 이대원이 전사했다는 소식을 접한 후, 상소를 올려 대응책의 잘못과 상벌의 혼란을 논했고, 낮에는 학문을 강론하고 석양에는 말타기와 활쏘기를 하며 제자들로 하여금 병마를 익히게 했다. 향리에서

---

13 최영희 외, 『임진왜란과 이치대첩』, 1999.

들은 왜인의 움직임이 예사롭지 않아 김천일은 자위책을 마련하고 있었다. 이러한 상태에서, 임금이 서행 길에 올랐고 왜군이 한양에 입성했다는 소식을 들은 김천일은 울부짖고 통곡하며 이윽고 떨쳐 일어났다. 그리고는 급히 도내 선비들에게 서신을 보내 거병할 것을 촉구했고, 향중부로와 집안 자제들을 나주 공관에 소집하였다. 이리하여 김천일은 나주에서 3백여 의병을 모아 북상하였는데, 진군 과정에서 7백여 명으로 증강되었다. 수원을 거점으로 활동하다 강화도로 옮겨갔다. 조정의 재촉에 다시 뭍으로 나와 단독 작전 또는 관군과의 연합 작전으로 한강 연안에서 왜적을 소탕하였다. 관군과 명군의 공세로 왜군이 남해안으로 후퇴하자, 김천일 의병군도 그 뒤를 좇아 남하하였다.

 왜군은 조·명 연합군의 압박에 따라 1593년 4월 한양에서 철수하여 경상도 지방으로 남하했다. 제1차 진주성 전투(1592년 10월)에서 대패했던 왜군은, 대규모 보복전으로 그 치욕을 씻고 나아가 호남으로 진출할 교두보를 확보하고자 진주성 공략에 나섰다. 약 10만 명에 이르는 왜군에 맞선 조선 측은 성을 비워 희생을 피하자는 의견과 죽음으로 성을 사수하자는 의견으로 양분되었다. 그때 김천일은 "지금 호남은 국가의 근본이고 진주와 호남은 입술과 이의 관계인데, 진주를 버리면 그 화가 호남에 미칠 것이다"라는 논리로 성을 사수하자고 역설했다. 반면에 순찰사 권율, 의병장 곽재우, 그리고 명나라 장수들은 중과부적이라고 판단하고서 성을 버리고 외곽으로 철수하고 말았다. 고립무원의 상태에서, 6·7만여 명에 이르는 군민(軍民)은 밤낮 9일 간에 걸친 1백 여 차례의 악전고투를 감당하다 6월 29일 성 함락과 함께 대부분 순절했는데, 이를 제2차 진주성 전투라고 한다. 진주 사람들은 장렬하게 순절한 사람 가운데 대표 3인 김천일·최경회·황진을 '진주 삼장사'라고 불렀다. 그리고 그들을 위한 제단을 만들어 놓고(제단은 나중에 서원으로 승격) 제사를 지냈다. 아울러 진주 사람들은 성이 무너진 날을 기억하기 위해 강가에서 추모제를 열었는데, 그것이 지금까지 '남강 유등 축제'로 이어지고 있다.[14]

 비록 성을 지켜내지는 못했지만, 왜군의 호남 진격을 좌절시키는 데에 성공하였고, 왜군도 막대한 병력 손실을 입고 철수할 수밖에 없었다. 이 제2차 진주성 전투에 참여한 정읍 사람으로 최억룡·권극평·민여운, 정윤근 등이 보인다. 이 가운데는 최억룡은 화순 출신의 최경회 의병장을 따라가 부장部將으로 활약하다 함께 촉석루 아래에서 죽었다. 그의 아들 최논동은 계의 의병장 최경장을 따라 함께 순절하였다.

(3) 남원성전투

임진왜란은 1593년부터 강화 교섭 문제로 소강상태였다. 그때 왜군은 부산 일원에 머물고 있었다. 그러다가 1597년(선조 30) 1월 왜군은 전격적으로 재차 침략을 단행하였다. 이를 정유재란이라고 한다.

왜군은 남해 칠천량해전漆川梁海戰에서 원균이 거느린 조선 수군을 대파한 후 호남과 호서를 석권하고서 북진할 계획을 실행하기 시작했다. 고바야가와를 총대장으로 한 일본 육군은 우키다·고니시·시미즈·하치스카 등으로 구성된 좌군, 그리고 모리·가토·구로다·나베지마로 구성된 우군 등 좌·우군으로 편성되었다. 한편, 도도·가토요시아키·와키자카 등으로 구성된 왜 수군은 남해안에 상륙하거나 섬진강을 거슬러 육군과 합세하여 남원 공략에 나섰다. 이들은 광양 섬진에 상륙한 후 하동을 거쳐 좌군의 주력부대와 합세한 뒤 구례求禮 석주관石柱關에서 우리의 관군·의병을 무너뜨리고 영남에서 호남으로 넘어가는 길목인 남원을 향해 쳐들어갔다.

조정은 이원익을 체찰사로 권율을 도원수로 삼아 주요 지역에 지휘관을 보내 대비하게 하였으며, 명나라에서도 재차 원병을 보내 공동연합전선을 펴게 되었다. 당시 아군은 부총병 양원, 중군 이신방, 천총 모승선·장표 등이 거느린 명군 3천명과 접반사 정기원, 전라병사 이복남, 조방장 김경노, 방어사

---

14 김덕진, 「임진왜란과 진주 삼장사」, 『역사학연구』 57, 호남사학회, 2015.

오응정, 남원부사 임현, 구례현감 이원춘 등이 거느린 관군 1천 명을 합해 4천 명에 불과했는데, 남원성에 진을 쳤다. 험준한 교룡산성이 아니라 평지 남원성에 진을 친 것은 명나라 장수의 주장에 의한 결과였다.

8월 12일에 우키다가 이끄는 왜좌군은 수군의 엄호를 받으면서 남원성을 포위하기 시작했다. 13일에는 고니시의 주력부대가 도착하니 왜군은 5만 6천여 명의 대병력이 되었다. 양원은 이신방과 함께 동문을 지키고, 모승선은 서문, 장표는 남문, 이복남은 북문을 각각 지켰다. 전투는 13일 밤부터 시작되어 16일에는 성이 함락되었다. 이복남·이신방 등을 비롯한 모든 장수들이 전사했고, 양원만이 겨우 성을 탈출했다. 이 전투가 바로 '남원성전투'이다. 남원에 있는 만인의총은 이때 순절한 사람들의 무덤이다. 그 옆에 있는 충렬사는 그들의 위패를 모시는 곳이다.

이 남원성전투에 정읍 출신으로 교룡산성 수어장이던 신호申浩가 순절하였고, 신호를 따라갔던 최준·보의 부자도 순절하였다. 특히 신호는 낙안군수로 있으면서 전라좌수사 이순신과 함께 왜선을 격파하는 공을 세웠다.

3) 실록을 옮기자

조선왕조는 처음에 춘추관·성주·충주·전주 등지에 역사책을 보관하는 사고를 두었다. 4대 사고 가운데 하나인 전주사고는 경기전 안에 '실록각實錄閣'이란 이름으로 있었다. 경기전 안에는 태조 이성계의 초상화도 보관되어 있었다.

1592년 당시 북상하던 왜군의 일파가 전라도로 남하하기 시작하였다. 전라관찰사 이광, 광주목사 권율, 의병장 고경명·조헌 등은 왜군의 전라도 진입을 저지하기 위해 금산 쪽으로 향하였다. 이때 경기전 안에는 태조에서 명종에 이르는 『조선왕조실록』과 태조 초상화가 보관되어 있었다. 만약 왜군이 전주에 들어오면 소실될 것이 분명하였다. 이에 경기전참봉 오희길, 태인 출신의 유생 안의와 손홍록, 정읍 영은사의 승려 희묵 등은 사비로 실록과 어진을 전화가 미치지 않을 정읍 내장산 용굴암으로 옮기었다. 때는 1592년 6월 무렵이다.

실록은 다시 아산·강화·해주를 거쳐 묘향산으로 옮기어졌다. 손홍록 등은 전주에서 묘향산까지 따라다니며 5·6년간 어진과 실록을 지켰다. 그때 나머지 사고의 실록은 모두 불타 없어져 버렸다. 1614년(광해군 6)에 무주 적상산성에 실록각을 창건하고서 묘향산의 실록 일부를 옮겨왔다. 이후 적상산사고에는 실록 외에 선원록, 의궤, 잡서 등이 봉안되었으나, 국권 강탈 이후 일제가 그것들을 규장각으로 이송하면서 사고는 황폐화되고 말았다.

4) 고장을 지키자 : 향보의병鄕保義兵

앞에서 말한 것처럼, 1597년 정유재란 발발 이후 왜군의 한 그룹은 구례 석주관과 남원성에서 아군을 무너뜨리고서 전주를 거쳐 북상하였다. 그렇지만 9월 6·7일 충청도 직산 전투에서 패배한 후, 전라도 방면으로 남하하기 시작하였다.[15] 이리하여 왜 육군이 전라도 전 지역에 들어오게 된다.

영광 출신 강항姜沆의 『간양록』에는 9월 14일 왜적이 영광군을 불태우고 산을 수색하고 바다를 훑어 사람을 도살한다고 적혀 있다. 왜장의 종군 승려가 남긴 문서에 따르면, 왜군은 15일 정읍에서 군사회의를 열어 전라도 점령 정책을 짰다. 이는 규슈 사가의 번주 나베시마를 수행한 승려 고레다쿠가 작성한 「高麗陣諸將郡割並=陣立人數書出案」이란 문서를 통해 알 수 있다. 이로 인해 영광은 무장·진원·창평과 함께 '中國衆'의 관할 구역이었다. '중국중'이란 주고쿠 지역, 지금의 야마구치·히로시마·오카야마 출신의 군소 장수들이란 말이다.[16]

---

15 이형석, 『임진전란사』 중, 1974, 1021쪽.
16 「高麗陣諸將郡割並=陣立人數書出案」의 작성일이 9월 16일인데(김덕진, 『소쇄원 사람들』, 다할미디어, 2007, 276쪽), 당시 우리 달력은 하루 빠른 15일이다.

영광에 들어온 왜 육군은 곧장 법성포에까지 들어온 것으로 16일 확인된다. 그때 함평 월악리 정희득 가족이 피란을 가기 위해 영광 둔전포에서 조운선 한 척을 구해서 수리한 후 구수포에 이르렀다. 법성포에 이르러 있던 왜 육군은 이리저리 분탕질을 하다가, 정희득 피란선을 보고서 총을 쏘았지만 배 있는 곳까지는 미치지 못하였다.[17] 19일 오후 이순신이 법성포에 도착하니, 이미 육 왜군이 도착하여 인가와 창고 곳곳이 불에 타 있었다.[18] 왜 육군은 남쪽 해안 지역에 웅거하기 위해 계속 내려가는 전략이었기 때문에, 법성포에 머물지 않고 곧장 떠나가버렸다. 이리하여 창고를 포함한 법성창의 조운시설도 소실되었던 것 같다.

이때 광주나 고창으로 내려가는 길목에 위치한 정읍에 왜군은 9월 15일 전후에 들이닥쳐 갖가지 만행을 자행하였다. 정읍 사람들은 멀리 도망을 가거나, 아니면 이들과 맞서 싸워야 하였다. 그 참상이 눈을 뜨고 볼 수 없었을 것이지만, 아직 구체적인 모습이 보고된 바 없다. 바로 이때 유경인은 아우 성인·극인과 함께 우치 등지에서 왜군과 싸우다 순절하였다. 이허량은 사현沙峴에서, 유윤근은 입암산성 북문 밖 오봉치五鳳峙 아래에서 각각 싸웠다. 특히 입암산성에 들어가서 장성 출신 윤진과 함께 싸운 이가 적지 않았다. 자기 고장을 지키기 위해 왜군과 싸웠던 사람을 '향보의병鄕保義兵'이라 한다.[19]

---

17 정희득, 『월봉해상록』, 정유 9월 16일.
陸倭衝突焚蕩於法聖倉 向我船放炮而董不及船所 時戚叔鄭燉·族兄憪·沈和伯·權士偉二戚叔·吳丈宏與吾一家同舟 族弟憎兄弟亦從矣.
18 이순신, 『이충무공전서』 8, 난중일기 4, 정유 9월 19일.
早發行船 風軟水順 無事渡七山海 夕到法聖浦 則兇賊由陸來到 人家處處焚蕩 日沒時 到弘農前洋 泊船而宿.
19 김동수, 「정유재란기 호남지역 의병의 향토방위전 사례 검토」, 『역사학연구』 30, 호남사학회, 2007.

5) 곡식을 모으자

신립 장군의 탄금대 방어선이 4월 28일 무너지자, 선조는 4월 30일 황급하게 피란길에 올랐다. 얼떨결에 빠져나온 데다가 평양·의주 쪽 재력도 궁핍하여, 조정은 여러 관리들이나 기관들의 사용 경비를 대 줄 길이 없을 뿐 아니라 심지어 왕실의 식사 제공까지도 어려운 지경이었다. 이러한 상황에서 가장 절실한 것은 군병과 양곡이었다. 특히 개전 초기 군량미 사정이 매우 열악하여 가장 시급한 문제였다.[20] 이때 민간에서 자원 모집하여 행재소에 바친 곡물을 의곡義穀이라 하였고, 의곡을 모으고 운송하여 정부나 관군에 바친 장수를 의곡장義穀將이라 하였다. 의곡장 가운데 가장 대표적인 인물이 고봉 기대승의 아들인 광주 출신의 기효증奇孝曾이다. 기효증의 의곡 모집과 운송 과정에 대한 기록물이 『함재근왕록涵齋勤王錄』이다.

당시 의곡의 선구적인 지역은 전국 최대 곡창 지대이자 아직 왜군의 수중에 들어가지 않은 전라도였다. 이에 대한 개략적인 사실은 남원 출신 조경남趙慶男의 『난중잡록亂中雜錄』 1592년 10월 18일자에 나오는데, "들은즉 호남의 의사義士들은 행재에 경비가 부족할 것을 생각하여 서로 권면하여 쌀 수만 석을 모아서 의곡義穀이라 이름하여 배에 싣고 수레로 운반하여 평안도로 보내 바치었으니 그 충성이 지극하다."[21]고 하였다. 그리고 『선조수정실록』·『국조보감』의 11월조에 "호남의 사민士民이 의곡을 모아 해로를 따라 의주에 수송하였다."[22]고 하였다. 전라도 사민士民 또는 의사義士가 의곡을 행재소에 바쳤다는 사실을 최초로 인정한 정부 측 기사이다.

---

20   이장희, 「양향조달의 실상」, 『임진왜란사연구』, 아세아문화사, 1999.
21   조경남, 『난중잡록』, 임진 10월 18일, 「通諭江右士友」(정인홍).
     側聞湖南義士 仰念行在 經費之潰 傳相勉諭 聚米數萬斛 名之曰義穀 載船車運關西 其忠誠至矣. 이 통유문은 정인홍의 문집에는 수록되어 있지 않았다.
22   『선조수정실록』 권26, 선조 25년 11월 1일(정사).

이때 정읍 사람들도 의곡義穀 행렬에 대거 참여 하였다. 그런 사람으로 송창
· 김복억 · 김경억 · 김후진 · 김대립 · 김지백 · 이수일 · 안의 · 손홍록 ·
최안 등이 발견되고 있다. 이들은 양곡을 모아 선박을 통해 의주 행재소에
보내고 각처 의병진에도 보냈고, 명군에게도 곡물이나 옷감을 제공하였다.

4. 결어 : 의병의 전통을 이어서

1) 임란의병이 호란의병으로

임진왜란 이후 의병이 다시 활동하게 된 때는 1627년(인조 5) 후금이 압록강
을 넘어 침략한 정묘호란이다. 이때 임금은 강화도로 피란을 갔고, 임금을
지키기 위해 평안 · 충청 · 전라 · 경상도 등지에서 의병이 일어났다.[23] 정묘
호란 때에 의병을 일으킨 호남 사람은 100명 정도가 확인된다. 이들의 인적
구성을 알아보면 다음과 같다.

첫째, 정묘호란 시 호남 의병 가운데 이전에 의병을 일으킨 전력을 지닌
사람이 많다. 그 가운데에는 임란 의병 전력과 갑자 의병[24] 전력이 있는 사람이
있다.

임란 의병 전력이 있는 사람으로는 광주 출신의 정민구 · 박지효, 보성 출신
의 안방준, 무장 출신의 오익창 · 김덕우, 고부 출신의 최경행, 전주 출신의
양몽열, 남원 출신의 방원진 등이 있다. 이들 가운데 김덕우 · 양몽열은 이전
이괄의 난 때에도 의병을 일으켰고, 정민구 · 안방준 · 최경행 · 방원진은 이
후 병자호란 때에도 의병을 일으켰다.

---

23 이장희, 「정묘 · 병자호란시 의병 연구」, 『국사관논총』 30, 국사편찬위원회, 1991.
24 갑자의병이란 1624년(인조 2) 이괄의 난 때에 일으킨 의병을 말한다.

그리고 갑자 의병 전력이 있는 사람으로는 영광 출신의 신유일·신응순·정전·이홍기·정제원·김진, 나주 출신의 이영정·나해봉·양만용, 광주 출신의 고순후·고부필·박종·박충렴·유평·이덕양, 전주 출신의 김준업, 김제 출신의 유즙·고봉익, 무장 출신의 강시언, 고창 출신의 유철견·안진 등이 있다. 이들 가운데 나해봉·박종·박충렴·유평·이덕양·김준업·유즙·강시언·유철견 등은 이후 병자호란 때에도 의병을 일으켰다.

둘째, 정묘호란 때에 의병을 일으킨 호남 사람 가운데에는 그 친족이 이미 이전에 의병을 일으킨 사람이 많다. 대를 이어 의병활동을 한 사람이 많았다는 말이다.

대표적인 인사가 광주 출신 고순후를 포함한 고씨가 사람이다. 가령, 고종후(고경명 아들)는 임진왜란 때에 의병을 일으켜 진주성 전투에서 순절하였는데, 그의 아들 고부립은 정묘호란 때에 김장생이 숙부 고순후를 의병장으로 천거하자 모병유사를 맡아 뜻을 같이 하는 사람들과 병사와 식량을 모아서 전주에 이르렀다. 강화가 성립되었다는 것을 듣고 세자를 호종하여 여산에 갔다가 돌아와 은둔하였다. 병자호란 때에도 양만용 등과 다시 의병을 일으켰다. 그리고 고성후는 임진왜란 때에 숙부 고경명을 따라 밖에서 군량을 실어 날랐다. 금산에서의 패전 소식을 듣고 관군과 모은 군량을 가지고 권율에게 나아가 함께 힘을 합쳐 적을 치기로 하였다. 권율이 군량 운반 책임을 맡기니 일을 잘 처리하여 행주에서 대첩할 수 있도록 하였다. 그의 아들 고부민은 정묘호란 때에 의청의 군기유사를 맡아 전참봉 유평과 삼종형 고부립 및 종제 고부필 등 여러 사람과 함께 병량과 군기를 모아 전주에 이르렀다. 이미 화의가 성립되었다는 것을 듣고 세자를 호송하여 여산에 갔다가 돌아왔다. 병자호란 때에는 뜻을 같이 하는 여러 사람들과 함께 병사와 양식을 모아 청주에 이르렀으나 강화가 성립되었다는 것을 듣고 돌아왔다.

또한 광주 출신의 임란 의병장 김덕령의 동생 김덕보, 박광옥과 의병을 일으킨 유사경의 아들 유술, 의병장으로서 영광 법성포에서 양곡을 모아 의주에 있는 행재소에 바친 기효증의 아들 기정헌 등도 정묘호란 때에 거의 하였다.

이 외에 장성 출신으로 남문 창의장 김경수의 아들 김숙명, 남평 출신으로 임진년에 창의한 송기원의 아들 송격, 영광 출신으로 임진왜란 때에 창의한 정희맹의 아들 정전과 이곤의 아들 이홍겸, 고창 출신으로 장성 남문 창의한 김홍우의 아들 김여성과 서홍도의 조카 서일남 등이 정묘호란 때에 각읍의 소모유사로서 의병을 일으켰다.[25]

정읍 사람 가운데 김제민金齊閔 가문 사례도 빼놓을 수 없다. 순창현감으로 있던 김제민은 임진왜란 때 아들 엽·흔·안과 함께 거의하였고, 웅치에서 왜군과 전투를 펼치던 중 아들 안과 김제군수 정담이 순절하였다. 그의 손자 김지문·지영·지서와 종질 김습이 병자호란 때 창의하였다.

2) 의병활동을 기록으로

임진왜란 때 활약하였던 의병활동을 정리하여 기록으로 남긴 최초의 저작물은 보성 출신의 은봉 안방준이 남긴 『호남의록湖南義錄』일 것이다. 제목에서 알 수 있듯이, 이는 임란 호남의병에 관한 것이다. 그는 20세 되던 1592년(선조 25)에 스승인 박광전을 따라 의병을 일으켰다. 당시 박광전은 병 때문에 군사의 임무를 다할 수 없어 진보현감 임계영을 추대하여 전라 좌의병의 대장으로 삼자, 안방준은 거기에서 참모가 되어 군사 전략을 숙의하였다. 특히 안방준은 좌의병진과 체찰사 사이의 연락책 역할을 하였다.

광해군 때에는 서울 생활을 청산하고 가족들을 데리고 고향 우산으로 돌아왔다. 시내 위에 성사를 짓고 또 시내 동쪽에 단을 쌓아 한그루의 소나무와 여덟 그루의 매화를 심었다. 이를 우산전사牛山田舍라고 하는데, 그는 여기에

---

25   김덕진, 「정묘호란과 호남의병」, 『전쟁과 전라도 지역사』, 선인, 2018, 397~398쪽.

있으면서 「임진기사」·「노량기사」·「진주서사」·「부산기사」·「삼원기사」, ·「임정충절사적」·「호남의록」 등을 지어 호남 출신의 의병장이나 공신에 관한 충절을 정리하거나 임진왜란의 전개 과정을 기록하였다.

이들 저서는 안방준 자신이 당시 전황을 직접 보고 듣고, 종전 후에 조사한 것을 토대로 임진왜란의 전말과 주요 전투 및 호남 의병의 실상을 객관적이고 치밀하게 서술한 것으로 임진 전란사를 가장 폭넓게 정리하였을 뿐만 아니라, 임진왜란을 연구하는데 있어서 유성룡의 『징비록』과 함께 매우 중요한 사료가 된다. 사실 조선시대에 임진왜란을 이렇게 폭넓게 정리한 경우는 유일할 뿐만 아니라, 거기에는 절의사상으로 무장된 애국심과 향토애가 충만했다는 점에서도 높이 평가할 만하다.

이 중에서 「삼원기사三寃記事」는 김덕령, 김응회, 김대인 등 3인의 의병장이 무고로 억울하게 죽은 내용에 관한 기록이다. 그리고 「임정충절사적壬丁忠節事蹟」은 임진왜란·정유재란 때 순절한 송상현(고부)·김여물·유극량·변응정 이종인·이잠·고득뢰·신호(고부) 등 8인의 충절에 관한 기록이다. 또한 「호남의록湖南義錄」은 최경회·정운·백광언(태인)·소상진·황진·장윤·김경로·안영·유팽로·양산숙·문홍헌·최희립·강의열·오유·오빈·김인휘 등 16인의 전라도 의병장의 활동에 관한 기록이다.

이처럼, 안방준은 임진왜란 때에 의로운 행동을 한 사람들의 열전을 지어 『호남의록』이라고 했다. 전라도 선비들은 정묘호란 때 활약하였던 양호 지역 의병들을 『정묘거의록』에 수록하였고, 병자호란 때에 의병을 일으킨 전라도 사람들의 기록을 『호남병자창의록』에 담았다. 『정묘거의록』에는 60명의 전라도 사람이 등재되어 있고, 『호남병자창의록』은 모두 5종이나 될 정도로 여러 판본이 출간되었다. 5종 가운데 김영한이 서문을 쓰고, 이승의가 발문을 붙였으며, 4권 3책 구성으로, 남원 명성재에서 1932년에 출판한 『호남병자창의록』에는 이전 것을 증보하여 전북 인물을 대폭 실었는데 모두 448명의 인물이 수록되어 있다. 호란 의병을 이렇게 다양하게 정리한 사례는 전라도가 전국에서 유일하다.

광주 출신 고정헌高廷憲은 전라도 출신의 역대 의병들을 방대한 『호남절의록湖南節義錄』에 담았다. 전란 후 포상은 정부가 통치 이념 차원에서 시행한 노력과 함께 전국 사람들의 자발적 노력으로 이루어진 측면도 있었다. 양반들은 유교 윤리를 구현해야 한다는 소명 의식에서, 또는 계급·문벌의 명예와 이익을 보장할 수 있는 좋은 소재라는 측면에서 전란 유공자의 이름을 높이고자 하였다. 고경명의 후손 고정헌에 의해 1799년(정조 23)에 출간된 『호남절의록』은 그러한 노력의 결정판이었다. 이 책에는 임진왜란, 이괄의 난, 정묘호란, 병자호란, 이인좌의 난 때에 국난을 극복하다 순절한 호남 출신 유공자 1,460명의 행적을 담았다. 그중에서 임진왜란 관계자가 946명으로 대부분이고, 정묘·병자호란 관련자가 242명에 이른다. 전쟁이 끝난 지 200년이 지났음에도 그러한 출판 활동을 한 전라도 사람들의 기본 동기와 저력을 깊이 음미해 볼 필요가 있다고 여겨진다.

이 무렵에는 지역별 또는 가문별 절의록 출간도 줄을 이었다. 고창 출신 김성은(1765~1830)은 자기 지역에서 임진왜란과 병자호란 때에 창의한 의병을 기록한 『임병창의록』을 저술하였다. 장성 사람들은 『남문창의록』, 강진 사람들은 『금릉창의록』이라는 책을 간행했다. 창의자 외에 효자·열녀까지 포함한 삼강록도 편찬되었는데, 『고흥삼강록』이나 『호남삼강록』 등이 있었다. 특정 집안에서도 자기 집안에서 창의한 사람들을 정리한 책을 발간했는데, 장흥의 위백규 집안에서 그리고 보성의 박광전 집안에서 그러한 책을 발간했다.[26]

이렇게 보았을 때, 무엇을 하였느냐도 중요하지만, 하였던 것을 정리하고 의미를 부여하여 후대에 남기는 일도 중요함을 알 수 있다. 이런 차원에서

---

26 김동수 교감·역주, 『호남절의록』, 경인문화사, 2010.

옛 정읍 사람들의 숭고한 정신과 업적을 정리하는 작업을 동학에만 집중하지 말고 임란·호란 의병과 항일 의병으로까지 확산하는 데에 주저하지 말아야 할 것이다.

제 2 장
임진왜란 시기 민여운의 의병활동

김만호
전남연구원 책임연구위원

1. 서언
2. 민여운의 의병 창의
3. 제2차 진주성 전투와 민여운
4. 결어

1. 서언

태인(현, 정읍시 태인면) 출신 의병장 민여운閔汝雲은 임진왜란 때 의병을 일으켜 일본군에 맞서 싸우다 전사한 인물이다. 『호남절의록』에 따르면 그의 의병 활동은 크게 두 가지로 정리된다. 하나는 1592년 임진왜란이 발발하자 태인에서 의병을 일으켜 11월 전후로 전북의 운봉과 경남 함안 인근에서 싸운 것이다. 다음으로는 제2차 진주성 전투에 참여하여 일본군이 쏜 화살에 맞아 전사한 사실을 들 수 있다. 하지만 정읍 출신 의병장 민여운을 다룬 단독논문은 한 편도 없으며, 그만큼 그의 생애와 임진왜란 시기의 활동상은 우리에게 잘 알려지지 않다. 아마도 민여운의 개인 문집이 남아 있지 않고, 그와 관련된 기록이 소략하기 때문에 지금껏 연구의 첫발을 떼지 못했던 것 같다. 이 글에서는 민여운에 대한 기록의 편린들을 충실히 모아 그의 삶과 의병활동을 살펴보려고 한다.

『호남절의록』은 임진왜란 시기 호남지역 출신의 의병장과 의병들에 대해 기록하고 있는데, 대체로 "○○○事實", "同殉諸公事實", "同倡諸公事實"의 체제를 유지하고 있다. 즉, 호남 출신 인물 중 주요한 의병장의 행적을 먼저 서술한 후, 그와 함께 순절한 자, 함께 창의한 자를 연이어 기록해 둔 것이다. 이렇게 보면, "○○○事實"에 포함된 인물들은 호남의병장 중 주요 인물에 해당함을 쉽게 알 수 있다. 그런데, 바로 여기에 민여운의 이름이 확인된다. 아래의 내용은 『호남절의록』 중 임진왜란 부분에 한정하여 편제상 "○○○事實"로 기록된 인물의 이름과 출신지를 정리한 것이다.

권1 상 : **송상현(고부[정읍])**, 고경명(광주)

권1 하 : 김천일(나주), **황진(남원)**, 최경회(화순), 고종후(광주), 심우신(영광), 장윤(순천), **민여운(태인[정읍])**, 최경장(화순)

권2 상 : 김덕령(광주), **김제민(고부[정읍])**, **이정란(전주)**, 임계영(보성),

　　　　　변사정(남원), 박광전(보성), 임환(나주), 기효증(광주), 변이중(장성)

권2 하 : 一道殉節諸公事實, 一道擧義諸公事實

권3 상 : 조헌, 권율, 이순신, 이복남, 이억기

권3 하 : 大駕扈從諸公事實

권4 상 : 宗廟扈從任公事實, 眞殿扈從諸公事實, 異域全節, 他道附錄

　　위의 인물들을 현재의 행정구역 기준으로 구분해 보면, 광주광역시는 고경명 등 총 4명이고, 전라남도는 김천일(나주) 등 총 9명이다. 그리고 전라북도의 경우에는 송상현(정읍) 등 총 6명이 이름을 올리고 있다. 이렇게 보면, 민여운은 임진왜란 시기에 주목할 만한 호남 의병장 19명 중 한 명에 포함되며, 전북 지역으로 한정하더라도 6명 중의 한 명에 해당할 정도로 유력한 의병장이었다.

　　또한, 『한국사 29권(조선 중기의 외침과 그 대응)』의 임진왜란 시기 〈표 1〉 "의병의 봉기" 부분에도 민여운의 이름이 확인된다. 아래의 표는 호남 지역의 인물들만 발췌한 것으로,[1] 20명의 인물 중 전북지역 인물은 8명(음영 부분)이며, 그 중의 한 명이 민여운인 것이다.

봉기장소	이름	신분	봉기장소	이름	신분
光州	高敬命	전부사	寶城	任啓英	전현감
光州	高從厚	현령	寶城	朴光前	전현감
羅州	金千鎰	전부사	和順	崔慶會	전부사
玉果	柳彭老	전학유	和順	崔慶長	전제독관
南原	安大模	유학	南原	楊士衡	전현감
南原	梁大樸	전학관	南原	梁 樹	참봉
南原	邊士貞	전참봉	南原	金得池	진사

1　『한국사 29(조선 중기의 외침과 그 대응)』, 국사편찬위원회, 2013, 43쪽.

順天	姜希說	무사	靈光	沈友信	전첨정
靈光	任希進	첨정	海南	成天祉	전판관
泰仁	閔汝雲	전주부	호남	處英	승려

즉, 이를 종합해 보면 민여운은 그의 행적이나 위상에 비해 관련 기록이 풍부하지 않아 그동안 연구가 진행되지 못했던 것이다. 조선후기의 평가나 최근의 연구성과에서는 임진왜란 시기에 활동했던 전북 출신 의병장 중 열 손가락 안에 민여운은 매번 포함되었던 것이다.

본고에서는 사료의 부족함 때문에 구체적으로 민여운의 행적을 파악하기는 어렵겠지만, 그의 생애와 임진왜란 당시의 의병활동을 추적해보고자 한다. 그리고 그의 의병활동이 갖는 역사적인 의의에 대해서도 조망해 보고자 한다. 이를 통해 정읍 의병장 민여운에 대한 이해가 심화되기를 기대한다.

2. 민여운의 의병 창의

이 장에서는 민여운의 가족관계, 관력官歷 등 임진왜란 이전의 행적과 임진왜란 발발 당시에 어떻게 창의했고, 누구와 함께 싸웠는지, 또 누구의 도움을 받았는지 등을 살펴보고자 한다.

1) 임진왜란 이전의 행적

민여운의 자字는 용종龍從,[2] 본관은 여흥驪興, 문인공文仁公 영모슈謨의 후손

---

2 민여운의 자를 종룡(從龍)으로 오기하는 경우도 있으나, 족보를 보면 모두 용종으로 되어 있으니 바로잡아야 할 것이다.

이고 찬성贊成 제인齊仁의 손자이다. 민여운이 태어난 해는 관련 기록이 없어서 알 수 없다. 민여운의 조부 민제인은 여흥민씨 16세로 입암공파立岩公派의 파조派祖에 해당한다. 『여흥민씨세보』에 따르면 민제인에게는 사용思容과 사관, 사안思安, 사선思宣, 사환思寰, 사의思宜까지 총 여섯 명의 아들이 있었다.³ 참고로, 민여운의 아버지는 봉사奉事 민은관閔恩寬으로도 전해지는데,⁴ 세보에 따라 "사관思寬"으로 바로잡아야 하겠다. 즉, 민여운은 여흥민씨 18세에 해당하며 입암공파에 속했다.⁵

민여운의 아버지 사관은 자가 언유彦裕이고, 예빈봉사禮賓奉事를 지낸 인물이다. 민여운의 부모님의 묘는 고양군 행주幸州에 있고, 민여운의 묘부터 태인 산외면山外面인 것으로 보아, 여흥민씨 입암공파의 태인 입향조를 민여운으로 보아도 큰 무리가 없어 보인다. 민여운에게는 격格, 집楫, 익檍 이렇게 세 아들이 있었는데, 첫째 아들은 민격은 무후无后이고, 민집과 민익이 대를 이었다.

---

3 『驪興閔氏世譜』 1권, 驪興閔氏大宗會, 2022, 339~356쪽; 2권, 912~913쪽.
4 『驪興閔氏世系譜』(1권), 驪興閔氏世系譜 刊行委員會, 1973, 453쪽; 『井邑郡史』, 井邑郡文化公報室, 1985, 1358쪽; 『新編 井州 井邑 人物志』, 井邑文化院, 1990, 154쪽; 『全羅文化의 脈과 全北人物』, 全北大學校 全羅文化硏究所, 1990, 498쪽; 『井邑市史』, 井邑市史編纂委員會, 2003, 3434~3435쪽; (사)한국고전문화연구원 편, 『전북인물사전』, 전라북도 · (사)한국고전문화연구원, 2018, 283쪽.
참고로 『정읍군사』(1985)에는 "1596년(선조 29) 김천일, 고종후, 최경회, 황진, 심우신 등과 같이 진주성에 입성"했다고 적혀있으나, 제2차 진주성 전투는 1593년 6월의 일이므로 잘못 서술되었음을 밝힌다. 『정읍시사』에는 "1558년 이조참판에 추증되었다."고 기록되어 있으나, 민여운이 이조참판에 추증된 것은 "1858년"으로 바로잡는다. 또, 『전라문화의 맥과 전북인물』(1990)에는 민여운의 몰년이 "1592년"으로 되어 있는데, "1593년"으로 수정되어야 할 것이다. 다만 이 책에서는 민여운의 아버지 이름을 "사관(思寬)"으로 정확히 기록해 두었다.
5 閔庚燮 편저, 『驪興閔氏人物史集』, 범아출판사, 2009, 305쪽.

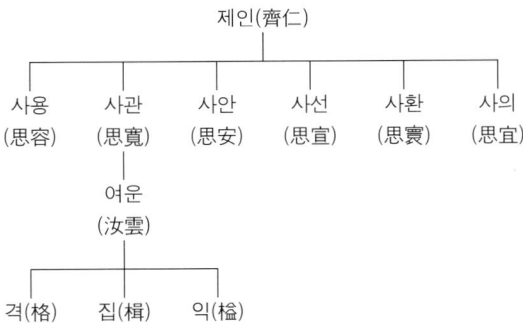

민여운은 성격이 강직하였으며 절개가 있었고 지략이 뛰어났다고 한다. 『호남절의록』에 따르면 음직蔭職으로 두 고을의 현령縣令을 지냈는데 모두 치적이 있었다고 했을 뿐, 두 고을에 대한 정보는 없다.[6]

민여운의 관직생활에 대한 기록을 찾아보면, 강원도의 『김화군읍지』 선생안이 가장 빠르다. 조선시대의 강원도 김화군은 현재, 북한의 김화군과 남한의 철원군으로 나누어져 있다. 선생안에 따르면 민여운은 만력 기묘년에 도임하여 경진년에 체임되어 간 것으로 보인다. 참고로 민여운의 전임자와 후임자는 아래와 같다. 즉, 1579년(선조 12)~1580년(선조 13) 약 2년간 강원도 김화현령을 역임한 것으로 보인다.

- 沈應祿 萬曆戊寅年間到任遞職年月不記(1578~?)
- **閔汝雲 萬曆己卯年間到任庚辰遞去(1579~1580)**
- 韓 琛 萬曆八年到任壬午遞(1580~1582)

---

6 『호남절의록』 권1 하, 「임진란 때의 의적(壬辰義蹟)」, 비의장 민여운 사실(飛義將閔公事實)

申 澣　萬曆丁丑年間到任遞職年月不記

沈應祿　萬曆戊寅年間到任遞職年月不記

閔汝雲　萬曆己卯年間到任庚辰遞去

韓 琛　萬曆八年庚辰到任壬午遞去

李 巖　萬曆壬午十一月到任乙酉遞去

尹 曄　萬曆十二年乙酉到任丙戌遞去

文韓仁祿　萬曆十五年丁亥到任戊子遞去

徐仁元　萬曆十六年戊子到任辛卯陞 敍永平縣令

申應松　萬曆十九年壬辰正月到任五日丁憂

李彥宗　萬曆十九年壬辰三月到任同年五月遞去

* 출처 : 『김화군읍지』 선생안

김성일의 「북정일록北征日錄」 1579년 9월 23일자에 따르면, "김화金化의 원[倅] 민여운閔汝雲이 나와서 두 번째 운반하는 납의가 도착하기를 기다리고 있다가 납의가 22일에 비로소 서울을 떠났다는 말을 듣고 본현本縣으로 돌아와서 나의 일행을 영접하였다."라고 되어 있다.[7] 민여운이 해당 시기에 김화현령을 역임한 것은 분명해 보인다.

참고로, 정읍문화원이 펴낸 『新編 井州 井邑 人物志』(1990)에 따르면 용담현령을 역임했다고 기록되어 있다. 실제로 『용담현읍지龍潭縣邑誌』(奎 17418) 선생안先生案에는 "閔汝雲戊子到任庚寅罷歸"으로 기록되어 있다. 즉, 『용담현읍지』 기록으로 보건대 민여운은 1588에 용담현령으로 부임하여 3년 후인 1590년에 체임되었음을 알 수 있다. 김화현령을 역임한지 8년여 만에 용담현령을 지낸 셈인데, 그 사이의 기록이 없어서 민여운의 구체적인 행적은 알 수 없다. 덧붙여, 민여운 전후로 용담현령(종5품)을 역임한 인물들은 아래와 같다.

- 洪 進 癸未到任戊子瓜遞(1583~1588)
- **閔汝雲 戊子到任庚寅罷歸(1588~1590)**
- 徐應麒 庚寅到任癸巳病遞(1590~1593)

---

7 『학봉일고(鶴峯逸稿)』 제3권, 「북정일록(北征日錄)」 1579년 9월 23일.

先生案

官奴五十名官婢三十名官婢七十三名針校奴三名枝婢二名院奴二名院婢名一

尹紹宗 皮元亮 金鳳麟 沈彥達 金澗 許志英

金權 蔬世良 梁鼓孫 安世厚 尹磻老 宋世儀嘉靖庚申

金錢 高孟參 俞彥謙 鄭彥徵 李孝謹丁卯巳到未巳到遞任 李遠 申仲滝庚申

到任乙丑巳到遞任 孫汝誠丙寅到病遞任 李憘瀚戊午寅巳到遞任 黃湯卿癸未寅巳到 元景諶戊寅巳到遞任

小具方慶萬曆丙子別世到任 李弘嗣戊戌庚子巳到遞任 徐應麒庚寅癸巳到病遞任 文緯世甲辰到

洪進戊癸未巳到遞任 閔汝雲戊子庚寅巳到任

丁酉里到做任 李彥肓乙已申亥里到做任 朴述知壬庚寅到做任 金虎辛丙酉子巳到做任

故罷 李命男丙辰巳到做任 曺

廳仁癸啓壬陸子里到過湯乙 趙元範乙癸丑亥巳到做任 李宜活乙丑兩子巳到遞任 李榮

義任天癸亥里到 盧守識 朴安行庚乙午丑里到遞任 吳睍午庚

慶尙道 安義(補遺)

進貢 早紅柿子 蹲柿 乾柿 青大竹 乾蔘
山藥 紫草茸 白芍藥 青茯苓
清蜜 柴胡 苽蔞仁 當歸 柿蔕 白茯神
甘菊 柿雪 枸杞子

俸廩 衙祿位四十結米十九石二斗一升三合六夕
太二石二斗五升三合六夕太一石四斗五結米
六石十四斗五升三合民結所出每夫雉一首鷄
夕官需米二百十七石民結所出每夫雉一首鷄
首藁草二同式乃捧用五

官蹟 鄭汝昌 行政治養老禮一鄕大化
朴文龍 神明教訓士民
李悠

閔汝雲

曹彦卿 以祛瘼立碑
辛鏡 清政

鄭好仁

朴廷琬

大容 朴知述 朴惺 郭䞭 實見蹟記黃石城

한편, 경상도 안의현安義縣의 환적宦蹟에도 민여운의 이름이 보인다. 『안의현읍지』에 따르면, 민여운을 전후로 안의현감을 역임한 자들은 박문룡朴文龍 → 이유李悠 → **민여운閔汝雲** → 정호인鄭好仁 → 박대용朴大容이다.

하지만, 이상의 인물들이 언제 안의현감을 역임했는지는 알 수 없으므로, 민여운의 근무 시기도 추정하기 어렵다. 다만, 현감은 종6품의 관직이기 때문에 김화현령을 역임했던 1579~1580년 이전 시기로 보는 것이 합리적이지 않을까 한다. 결국 민여운의 관력을 최종적으로 정리해보면, 경상도 안의현감(근무시기 불명, 종6품) → 강원도 김화현령(1579~1580년, 종5품) → 전라도 용담현령(1588~1590년, 종5품)이었다. 그리고 뒤에서 다시 언급하겠지만 1592년을 전후로 한 시기에는 첨정僉正(종4품)에 오른 것으로 보인다. 참고로, 『여흥민씨세계보』에는 사복시첨정司僕寺僉正을 지낸 것으로 되어 있다.[8]

2) 임진왜란의 발발과 민여운의 의병창의

『호남절의록』에는 민여운의 의병창의와 초기의 의병활동에 대해 다음과 같이 서술되어 있다.

> 임진란 때 같은 고을의 정윤근鄭允謹과 함께 향병 2백 여인을 모집하고 여러 고을에 격문을 보내 군량을 모았으며 병기 등을 손 보았다. 의병을 일으켜 국가의 치욕을 갚자고 맹서하였는데 무리들이 공을 대장으로 추대하고 정윤근은 부장으로 삼았다. 공이 대장이 되어 삽혈동맹歃血同盟을 맺고 「웅熊」자로 군대의 표지標識를 삼으며 스스로를 비의장飛義將이라 칭하였다. 병사들을 이끌고 팔량치八良峙를 넘어 함안咸安 등지에 들어가 적과 만나면 반드시 이겨 참획 한 바가 무수하였다.[9]

---

8 『驪興閔氏世系譜』(1권), 驪興閔氏世系譜 刊行委員會, 1973, 453쪽.
9 『호남절의록』권1 하, 「임진란 때의 의적(壬辰義蹟)」, 비의장 민여운 사실(飛義將閔公事實)

위와 같이 민여운은 임진왜란이 발발하자 동향의 정윤근과 함께 향병 200여 인을 모집하였다. 그리고 여러 고을에 격문을 보내어 병력을 모으고, 군량을 모았으며, 병기 등을 점검하였다. 이때 모인 자들은 민여운을 대장으로 추대하고 정윤근을 부장으로 삼았는데, 민여운의 의병부대는 삽혈동맹을 통해 전투 의지를 굳게 하였다. 그리고 "웅熊"자를 군표로 삼았고 민여운 자신은 "비의장飛義將"이라 불렀다.『호남절의록』에는 민여운의 창의 시점에 대해서 기록하지 않았지만, 조경남의『난중잡록』을 보면 1592년 10월 10~18일 사이에 창의한 것으로 추정된다.[10]

그렇다면 민여운은 어떠한 계기로 의병을 창의했을까? 관련 기록이 충분치 않아서 창의의 직접적인 동기와 창의 과정에 대한 세부 내용에 대해서는 알 수 없다. 다만, 안방준이 이귀에게 쓴 글에서 어느 정도 유추해 볼 수 있는 대목은 있다. 그에 따르면, "제봉이 이미 죽자 그의 아들 임피현령臨陂縣令 고종후高從厚가 복수장復讐將으로 광주에서 의병을 일으키니 오유吳宥가 부장副將이 되었고, 진사 문홍헌文弘獻이 능성綾城(능주)에서 의병을 일으켜 담양부사潭陽府使 최경회崔慶會를 대장으로 추대하였으며, 소생의 죽은 스승[박광전]이 보성寶城에서 의병을 일으켜 병으로 군대를 이끌 수 없게 되자 진보현감眞寶縣監 임계영任啟英을 대장으로 삼고 전 만호萬戶 장윤張潤을 부장으로 삼았으며, 참봉參奉 변사정邊士貞이 남원에서 의병을 일으켜 이잠李潛을 부장으로 삼았으며, 강희열姜希悅이 광양에서 의병을 일으켰고, 강희보姜希甫가 구례에서 의병을 일으켰습니다. 그 외에 정충후丁忠勳 · **민여운閔汝雲** · 이계련李繼璉 등 이루 다 셀 수 없으니, **이들은 모두 제봉의 막하에 남았던 병졸입니다.**"(밑줄은 필자)라고 되어 있다.[11]

이상에서 보듯이 고경명의 제1차 금산전투 전사 소식은 당시 호남사림들에

---

10 『난중잡록』2, 임진년 하(1592년) 10월.
11 『은봉전서』제3권,「서(書)」, 연평 상공 이귀에게 보낸 별지[與延平李相公貴別紙]

게 큰 충격을 안겨주었다. 그를 따랐던 사람들은 고경명의 죽음을 계기로 연이어 창의하였는데, 민여운의 거병 역시 그러한 호남지역 사림들의 공감장共感場과 무관하지 않을 것이라 생각한다. 다만, 민여운이 실제로 고경명의 막하 인물이었는지의 여부, 인적 연망連網의 관련 사항에 대해서는 불분명해서 단정 지을 수는 없다. 민여운이 창의하게 된 계기에 고경명의 죽음이 적지 않은 영향을 미쳤다고 보는 것이 합리적인 해석일 듯싶다.

1592년 10월 하순에 거병한 민여운의 의병부대는 전라도와 경상도의 경계에 있던 팔량치八良峙를 넘어 함안(현, 경상남도 함안군) 등지에서 일본군과 싸웠으며 많은 승리를 거둔 것으로 나온다. 참고로, 팔량치는 현재 전북 남원시 인월면引月面과 경남 함양군 함양읍의 경계에 있는 고개로, 소백산맥의 연비산鳶飛山(843m)과 그 남쪽의 삼봉산三峰山(1,187m)과의 안부鞍部에 위치한다. 팔량치의 높이는 513m인데, 천연적인 요새를 이루고 있어서 군사상, 교통상의 요지로 중요시되었으며, 옛날부터 경남의 북부 산간 지방과 전북의 남동 산간 지역을 연결하는 중요한 교통로였다. 조선시대에는 호남지방의 곡창지대를 지키는 관문인 팔량관八良關이 설치되어 있어서 팔량재 혹은 팔량치라는 이름이 붙었다고 한다.[12]

이후 민여운의 활동은 최경회와 함께 우지령牛旨嶺에 주둔하면서 일본군과 싸웠던 것으로 보인다.[13] 『일성록』에 따르면, 민여운은 최경회와 함께 호서의 의병장인 한명윤韓明胤·박이룡朴以龍과 합세하여 우지령 아래에 진을 치고 김산과 지례에 남아 주둔하고 있던 일본군을 막았다.

---

12 한국민족문화대백과. 「비변사인방안지도」에 따르면, 팔량치는 "極險峻 艮方 距二十五里 咸陽界"로 되어 있다. 이를 보면 팔량치는 매우 험준한 고개로 동북 방면을 통해 함양의 경계와 15리 떨어져 있었다.
13 우지령은 지례(현, 경상북도 김천시 지례면)와 황간(현, 충청북도 영동군 황간면)의 경계에 있는 고개이다.

* 출처 : 비변사인방안지도 운봉현

* 출처 : 『임진창의시동고록(壬辰倡義時同苦錄)』

화순 출신의 최경회 부대[전라우의병]의 활동상을 보면, 장수 → 남원 → 함양 → 산음(현, 산청)을 거쳐 1592년 10월 5~11일 제1차 진주성 전투 때 외곽에서 일본군을 견제하면서 김시민의 진주성 수성에 도움을 주었다. 또한 10월 하순부터 11월 중순까지는 주로 전라좌우의병과 김면군이 연합하여 개령 공격전을 전개하였고, 11월 중순 이후에 전라좌우의병이 분리되면서 최경회의 전라우의병은 김면군과 함께 개령에서, 임계영의 전라좌의병은 정인홍군과 함께 성주에서 수복전을 펴기 시작했다.[14] 『일성록』의 기록과 최경회의 활동상을 종합해 보면, 민여운 부대는 11월 경 최경회와 함께 개령전투에 참여하여 공을 세웠던 것으로 보인다.

김면金沔(1541~1593)의 『송암유고松菴遺稿』에 수록된 「임진창의시동고록壬辰倡義時同苦錄」의 제의사諸義士 두 번째 인물을 보면, "閔汝雲 前僉正"으로 간단히 이름과 관력만 나와 있다. 하지만 이 기록을 통해 민여운이 1592년 11월 경 김면 - 최경회 등과 함께 개령전투를 승리로 이끌었음이 분명해진 셈이다.

한편, 『난중잡록』 1593년 1월 8일자 기록을 보면, "전 주부 민여운閔汝雲이 또한 태인泰仁으로부터 와서 비록 진주의 싸움에 미처 참가하지 못하였으나, 성주星州 · 지례知禮의 경계에 주둔하여 본도의 의병대장 김면金沔 · 정인홍鄭仁弘 등과 더불어 협력하여 적을 쳐서 누차 접전하여 적을 죽인 것이 심히 많으니, 적이 자못 기운이 꺾여 숨고 나오지 못하므로 한 도의 사람들이 바야흐로 중하게 의뢰하여 거의 의각犄角의 형세를 이루고 있습니다."라고 기록되어 있다.

즉, 앞에서 검토한 것처럼 민여운은 10월 중순경 태인에서 의병을 일으켰으며, 곧바로 팔량치를 넘어 함안 지역에서 일본군과 싸워 공을 세웠다. 이후 개령 방면으로 북상하여 우지령 인근에서 최경회 및 호서의병들과 함께 싸웠

---

14 趙湲來, 「全羅右義兵과 崔慶會 一家의 義兵運動」, 『和順地方의 壬亂義兵活動』, 和順郡, 1988, 114~128쪽.

다. 이후 11월 중순부터 민여운은 전라우의병장인 최경회와 김면의 연합부대와 함께 1593년 2월까지 약 4개월간 개령 지역에 주둔하고 있던 모리 테루모토 [毛利輝元]와 싸워 그들을 개령 지역에서 철수하도록 하는 공을 세웠던 것이다.

경남 함안에서 경북 김천(개령)이라면 지금도 직선거리로 100㎞ 정도 떨어져 있을 만큼 멀다. 이렇듯 장시간 먼 길을 이동하면서 200여명의 의병부대를 운용한다는 것은 쉽지 않았을 것이다. 이는 의병장 민여운 개인의 역량만으로는 해결하기 힘들었을 것이고, 분명 주변에서 함께 싸우고 도왔던 이들이 있었기에 가능했을 것이다. 이제부터는 민여운 의병부대의 구성이나 후원세력을 검토하여, 민여운의 의병활동에 대한 실상에 더 접근해 보도록 한다.

민여운과 함께 창의한 대표적인 인물은 정윤근鄭允謹이다.『호남절의록』에도 민여운과 함께 순절한 자로 기록된 자는 정윤근이 유일하기 때문이다. 그의 본관은 경주慶州이고 자는 중흠仲欽이다. 정언직鄭彦直의 아들로, 태인 고현내古縣內(현 정읍시 태인군 태남리)에서 태어났다.[15]『호남절의록』에 따르면, 기국器局이 컸고 궁마弓馬에도 능했다고 한다. 임진왜란이 발발했을 때에는 민여운과 함께 창의하였고, 제2차 진주성 전투까지 함께 하였다. 민여운이 대장이었고 정윤근은 민여운의 부장이 되었다. 제2차 진주성 전투 때 일본군과 혈전을 벌였는데, 7일째 되던 날 민여운이 화살에 맞아 죽자 정윤근이 민여운을 대신하여 의병부대를 통령하였다. 하지만, 결국 기운이 다하고 손목도 부러져 그 역시 일본군에게 죽임을 당했다. 정윤근의 아들 창문昌文은 아버지의 시신을 수습하여 장사를 지냈으며 1597년 정유재란 때에는 남원성전투에

---

15 『井邑郡史』, 井邑郡文化公報室, 1985, 1358쪽;『新編 井州 井邑 人物志』, 井邑文化院, 1990, 156쪽;『정읍의병사』, 정읍문화원, 2006, 73쪽;『井邑市史』, 井邑市史編纂委員會, 2003, 3435~3436쪽.
참고로,『정읍군사』와『신편 정주 정읍 인물지』,『정읍시사』에는 정윤근이 1597년(선조 30) 정유란에 민여운과 같이 진주성에 입성했다고 했으나, 제2차 진주성 전투는 1593년 6월의 일이므로 잘못 서술되었음을 밝힌다.

나아가 아버지의 죽음에 복수하려 했으나 그 또한 전사하였다.

정윤근 외에 민여운의 가족과 가노家奴들도 의병부대에 함께 했다. 특별히 민여운의 노奴 추동秋同의 이름이 『호남절의록』에서 확인된다. 추동은 용맹하고 활을 잘 쏘았으며, 민여운이 가는 모든 싸움에 참전하여 일본군을 참획한 것이 매우 많았다고 한다. 제2차 진주성 전투 때에도 적장 두 명을 사살했으며, 민여운이 전사할 때에 추동 역시 운명을 함께 했다고 전해진다.

다음은 민여운을 도왔던 인물들을 살펴볼 것인데, 『호남절의록』에 협력자들의 행적을 찾을 수 있다. 민여운을 도운 사람으로 주목되는 인물은 태인 출신의 안의安義이다. 그는 손홍록孫弘祿과 함께 경기전의 어진과 『조선왕조실록』을 내장산에 피난시켜 보존한 것으로 잘 알려져 있다. 그들이 임진왜란 발발 초기에 병량미 등을 모아서 선조와 민여운에게 나누어 주었다는 사실은 잘 알려져 있지 않다.

정읍문화원에서 발간한 『정읍의병사』(2006)에 따르면, 안의는 임진왜란 때 의곡義穀 300석石, 목화 1천근斤, 이 밖에 명주배와 종이 등을 거두고 스스로 쌀과 포목을 내어, 절반은 의주의 행재소에 보내고, 나머지는 민여운의 군진으로 보냈다고 한다.[16] 태인 고현내 출신의 송창宋昌이라는 인물도 안의, 손홍록과 함께 의병을 모집하고 군량을 거두어 고경명, 최경회, 민여운의 병영에 나누어 보냈다고 전해진다.[17] 이상의 내용은 『태인군읍지泰仁郡邑誌』(奎 17410)와 『태인현읍지泰仁縣邑誌』(想白古 915.140 - T122) 인물人物조 의사 안의와 손홍록 편에 확인된다.

안의와 손홍록 외에도, 태인 출신 인물인 김대립金大立, 김후진金後進 등이

---

16 『井邑郡史』, 井邑郡文化公報室, 1985, 1340쪽; 『新編 井州 井邑 人物志』, 井邑文化院, 1990, 166쪽; 『정읍의병사』, 정읍문화원, 2006, 68~70쪽; 『井邑市史』, 井邑市史編纂委員會, 2003, 3438~3439쪽; (사)한국고전문화연구원 편, 『전북인물사전』, 전라북도 · (사)한국고전문화연구원, 2018, 433~434쪽.
17 『新編 井州 井邑 人物志』, 井邑文化院, 1990, 156쪽; 『정읍의병사』, 정읍문화원, 2006, 102쪽.

함께 민여운을 도왔다. 김대립은 본관이 강진康津이고, 자는 신부信夫, 호는 월봉月峯이다. 일재一齋 이항李恒의 문하에서 수업을 받았다고 전해진다. 그는 임진왜란이 발발했을 때 이정란李廷鸞과 창의하여 의병과 군량을 모았는데, 행재소에 보내고 최경회와 민여운의 의병소에도 보냈다. 참고로, 김대립은 나중에 장성 남문창의 활동에 가담한 것으로 확인된다.[18]

다음으로 김후진은 김대립과 인척 관계에 있었는데, 자는 정승正承이고, 호는 원모당遠慕堂과 연담蓮潭을 썼다. 김대립과 마찬가지로 일재 이항의 문하에 있었다. 그는 아들 김지백金知白, 재종再從인 김복억金福億, 재종질再從姪인 김대립과 함께 창의하여 의병과 군량을 모집하였다. 장성 남문의 청에 일부 보냈으며, 의곡 수백석을 행재소에도 보냈고, 고경명과 민여운의 의병소에도 보냈다고 한다.[19]

이렇듯 민여운과 함께 싸우고, 그의 의병활동을 유지할 수 있도록 도왔던 주변의 인물들이 적지 않았다. 그를 후원한 자들 대부분은 민여운과 같은 태인 출신 인물이었던 점이 주목된다. 후원자들은 의병을 일으켜 병량미를 모았으며, 이를 의주의 행재소와 호남 출신의 주요 의병장들에게 나누어 보냈다. 중요한 것은 태인 출신의 후원세력들은 고경명, 최경회, 남문창의 의병청 등에 의곡을 나누어 보낼 때 잊지 않고 민여운을 도왔다는 점이다. 이러한 후원을 기반으로 200여명의 부대를 이끌었던 민여운의 부대는 경남 함안, 경북 김천 지역을 거쳐 나중에는 다시 경남 진주로 와서 제2차 진주성 전투에 참여할 수 있었던 것이다.

---

18 『新編 井州 井邑 人物志』, 井邑文化院, 1990, 152쪽;『정읍의병사』, 정읍문화원, 2006, 93쪽.
19 『新編 井州 井邑 人物志』, 井邑文化院, 1990, 153쪽;『정읍의병사』, 정읍문화원, 2006, 94쪽;『井邑市史』, 井邑市史編纂委員會, 2003, 3131~3432쪽.

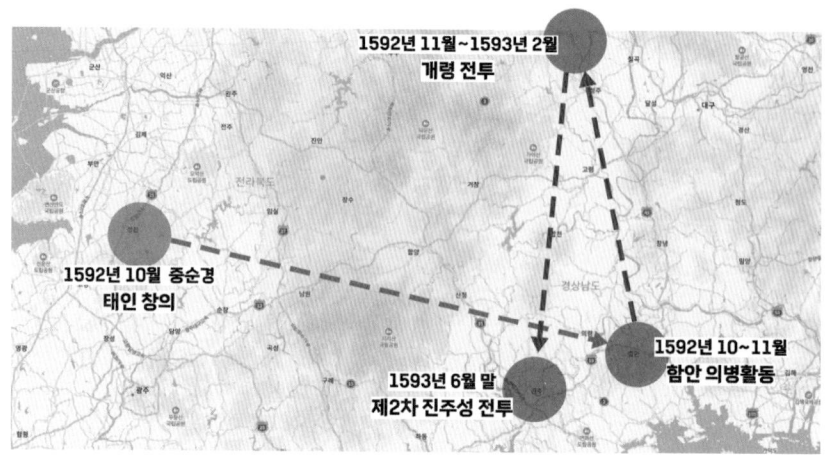

민여운의 창의와 주요 활동 지도

3. 제2차 진주성 전투와 민여운[20]

『호남절의록』 민여운 관련 기록의 후반부에는 제2차 진주성 전투에 참여한 민여운의 활동이 구체적으로 묘사되어 있다.

> 계사년(1593) 6월, 적들이 다시 대거 몰려 와 진주성을 포위하니 이때에 공은 휘하의 의사義士가 3백 여인이었다. 공이 손가락을 잘라 피를 내어 함께 죽기를 맹서하고 이로써 충의忠義를 격려하니 사람들이 모두 죽을 마음을 내었다. 공은 이에 창의사倡義使 김천일金千鎰·복수장復讐將 고종후高從厚·경상병사 최경회崔慶會·충청병사 황진黃進·표의장彪義將 심우신沈友信 등의 제공과 함께 진주성에 들어가 수성하기 7일 동안 독전을 그치지 않았으며 참획斬獲함이 매우 많았다. 몸에 10여 곳 상처를 입었는데 이를 싸매고 다시 싸웠는데 왼손이 끊어지고 오른 손이 잘리면

---

20 이하 내용은 김만호의 논문 「호남의병과 제2차 진주성 전투」, 『충무공 이순신과 한국 해양』 10(해군사관학교 해양연구소, 2023. 12.)을 참고하였음.

서도 장사들을 독려하며 싸우기를 더욱 힘껏하니 군사들이 모두 더욱 힘을 내었다. 27일에 성을 돌아볼 때 갑자기 날아온 적의 화살에 맞고 죽었다. 정윤근鄭允謹이 대신하여 무리를 통령하였는데 자신의 아들 창문昌文을 시켜 공의 시신을 거두어 돌아가 정씨의 선산에 장례 지내게 하였다. 이 일이 알려져 좌승지左承旨를 증직 하였다. 선무원종공신에 녹훈錄勳되었다. [세주: 노奴인 추동秋同은 또한 용맹하고 활을 잘 쏘았는데 공을 따라 다니며 모든 싸움에서 참획함이 매우 많았다. 함께 진주성에 들어가 적장 2인을 사살하였다. 공이 전사함에 또한 적에게 죽었다.] [태인泰仁][21]

이렇듯, 민여운은 제2차 진주성 전투 때 김천일, 고종후, 최경회, 황진, 심우신 등과 함께 수성을 결의하였다. 7일간 독전을 그치지 않으며 싸웠는데, 1593년 6월 27일 갑자기 날아온 일본군의 화살에 맞고 전사하였다. 이에 정윤근이 민여운을 대신하여 의병부대를 통령하였다.

『태인삼강록泰仁三剛錄』에도 민여운은 1593년 6월 김천일, 고종후, 최경회, 황진, 심우신 등과 함께 진주성에 입성한 사실이 확인된다. 그리고 성을 지킨지 7일째 될 때까지 독전을 멈추지 않았으며, 일본군을 참획한 것이 매우 많았다고 전해진다. 몸에는 10여 곳에 창상을 입었고, 왼손은 끊어지고, 오른손은 부러졌으며, 홀연히 날아온 적의 화살을 맞고 죽었다. 이에 민여운과 함께 창의했던 정윤근은 그를 대신하여 병사들을 거느리고 최경회와 합진하여 싸움을 독려하였지만, 그 역시 기운이 다하고 손이 부러진 상태에서 적을 만나 목숨을 잃었다.

민여운이 이끌었던 병력의 규모에 대해서는 이견이 있어서 잠깐 언급하고자 한다. 앞서 제시한 『호남절의록』에는 진주성 입성시 민여운 휘하의 의사가 300명이라고 기록되어 있다. 하지만, 『선조수정실록』 1593년 6월 기록과 『선

---

21 『호남절의록』 권1 하, 「임진란 때의 의적(壬辰義蹟)」, 비의장 민여운 사실(飛義將閔公事實)

조실록』 1593년 7월 16일자 기록에 따르면, 민여운은 군사 200명을 거느리고 진주성에 입성했다고 되어 있다.[22] 조경남의 『난중잡록』에도 "태인泰仁의 전 주부 민여운閔汝雲이 향병 2백여 명을 모집하여 웅熊 자로써 장표章標를 삼고, 기계를 마련하고 양식을 마련하여 영남으로 향하다."[23]라고 했다. 안방준의 『은봉전서』「진주서사晉州敍事」에도 "이계연, 민여운, 강희보, 강희열 등의 군이 각각 200여 명"이었다고 했다.[24] 이상의 자료들을 종합해 보건대, 제2차 진주성 전투 당시에 입성한 민여운의 부대 규모는 200여명으로 보는 것이 옳을 것이다.[25]

민여운이 참전한 제2차 진주성 전투 당시 조선군의 편제를 살펴보면 다음과 같다. 김천일, 최경회, 황진, 고종후, 장윤, 민여운 등이 이끄는 호남의병은 진주목사 서예원 등과 함께 진주성을 지켰다. 이들 중 현직에 있거나, 진주성 수성 당시의 직책이 확인된 자는 28명이다. 아마도 이들이 전투를 주도했을 것인데, 출신지만 놓고 보면 호남 출신 인물이 19명, 타지역이 6명, 불명자가 3명이다. 즉, 호남 출신 의병들은 제2차 진주성 전투의 핵심으로 보아도 틀림이 없을 것이다. 특히 김천일, 최경회, 황진 등 호남 출신의 의병장들은 수성의 핵심적 역할을 했다. 참고로, 제2차 진주성 당시 민여운의 직책은 부장으로 확인되며, 그 역시 큰 활약을 했을 것으로 여겨진다.

---

22 『선조수정실록』 27권, 1593년(선조 26)년 6월 1일(갑신);『선조실록』 40권, 1593년(선조 26)년 7월 16일(무진).
23 『난중잡록』 2, 임진년 하(1592) 10월.
24 『은봉전서』 권7, 「진주서사(晉州敍事)」
25 다만, 『호남절의록』의 기록에 주목해 보자면 다음과 같은 이해도 가능할 것 같다. 민여운이 최초로 의병을 창의했을 때는 200명으로 시작했지만, 이후 함안-개령 지역을 돌아다니면서 일본군과 접전하면서 공을 세웠고, 이에 영남 지역의 백성들 일부(100여명)가 민여운의 휘하에 편입되지 않았을까 한다. 때문에 『호남절의록』에서는 이들까지 모두 포함한 300명으로 기록하였고, 다른 기록에서는 순수한 태인 출신의 병력 200명만을 헤아렸던 것은 아닌가 한다.

제2차 진주성 전투 당시의 군사 조직

현 직	수성(守城) 시 직책	이 름	병력	출신	비고
창의사(倡義使)	우도절제사(右都節制使)	김천일(金千鎰)	300~500명 (300명)	나주	
경상우병사(慶尙右兵使)	좌도절제사	최경회(崔慶會)	500명 (600명)	화순	
충청병사(忠淸兵使)	도(都)순성장 독전장(督戰將)	황진(黃進)	700명 (400명)	남원	황희 5대손
진주목사(晉州牧使)	진주목사	서예원(徐禮元)	3,000명	서울	
진주판관(晉州判官)	진주판관	성수경(成守璟)	–	–	
거제현령(巨濟縣令)	부장(部將)	김준민(金俊民)	–	산청	
태안군수(泰安郡守)	–	윤구수(尹龜壽)	–	예산	
결성현감(結城縣監)	–	김응건(金應健)	–	–	
사천현감(泗川縣監)	좌의병부장(左義兵副將)	장윤(張潤)	300명	순천	
김해부사(金海府使)	부장(部將)	이종인(李宗仁)	–	남평(나주)	
당진현감(唐津縣監)	전투대장	송제(宋悌)	–	흥양(고흥)	
남포현감(藍浦縣監)	–	이예수(李禮壽)	–	부천	
황간현감(黃澗縣監)	–	박몽열(朴夢說)	–	김천	
해미현감(海美縣監)	전투부대장	정명세(鄭名世)	–	장흥	
보령현감(保寧縣監)	–	이의정(李義精)	–	금산	
공조좌랑(工曹佐郞)	부장(部將)	양산숙(梁山璹)	–	나주	
복수(復讐)의병장	복수대장(復讐大將)	고종후(高從厚)	400명	광주	고경명 장남
봉사(奉事)	전투부대장	오유(吳宥)	–	보성	고종후 부장
비(飛)의병장	부장	민여운(閔汝雲)	200명	해인(정읍)	
웅(熊)의병장	전투부대장	이계련(李繼璉)	100~200명 (100명)	–	
표(彪)의병부장 방의대장(方義大將) 도탄복병장(陶灘伏兵將)	부상	강희보(姜希甫)	200명	순천	강희열 형
적기(敵氣)의병부장 적개(敵愾)의병장	전투부대장	이잠(李潛)	300명	강진	변사정 부장

현 직	수성(守城) 시 직책	이 름	병력	출신	비고
적(敵)의병부장					
분(奮)의병장	전투대장	강희열(姜熙悅)	50~200명 (200명)	순천	강희보 동생
우(右)의병부장	변사정의 부장	고득뢰(高得賚)		남원	
해남의병장	전투대장	임희진(任希進)		해남	임계영 종숙
영광의병장 표의장(彪義將)	전투대장	심우신(沈友信)	12명	영광	
의병장	재외운량장 (在外運粮將)	변사정(邊士貞)		남원	
-	군량운송	방처인(房處仁)		남원	김천일 계열

* 오종록의 「진주성전투의 지휘체계와 전투과정」 104~105쪽 <표 3>, 박성식의 「1,2차 진주성전투의 실상과 그 영향」 152쪽 표 <조선군 관·의병장 및 그 병력>, 김강식의 『『충렬록』에 나타난 癸巳晉州戰 전자사의 추숭과정과 의미』 327쪽 <표 2>를 통합하여 편집하였음. 세 편의 논문은 모두 『임진왜란과 진주성전투』(국립진주박물관, 2010)에 실린 것을 기준으로 하였음.

제2차 진주성 전투 당시의 날짜별 전투상황 개요를 정리하면 다음과 같다. 제2차 진주성 전투의 변곡점은 6월 28일로 보이는데, 폭우에 의해 일부 성벽이 붕괴되었으며, 충청병사 황진이 조총에 의해 전사하게 되면서 전세가 크게 기울었던 것으로 보인다. 『선조수정실록』에도 "황진은 역전의 제장 중에서 으뜸이라고 칭해졌기 때문에 온 성 안이 그에 의지하여 중히 여겼으므로, 황진이 탄환을 맞고 죽자 온 성안이 흉흉하고 두려워하였다."라고 기록하고 있다.

날짜별 (양력)	접전	조선 측	일본 측	출처
6월 21일 (7월 19일)	전투 시작			
6월 22일 (7월 20일)	총 3회			
6월 23일 (7월 21일)	낮 3회 밤 4회		해자 무력화	『포』, 『난』
6월 24일 (7월 22일)	-		마현(馬峴)에 추가병력(5~6천명), 동쪽에 추가병력(5~6백명)	『난』

6월 25일 (7월 23일)	낮 3회 밤 4회	일본군의 토옥에 대비하여 토산을 건설, 현자총통 발사	토옥(土屋) 건설, 성내 가옥 연소	『포』, 『백』, 『난』
6월 26일 (7월 24일)	낮 3회 밤 4회	서예원(진주목사) → 장윤(가목사)	가죽 씌운 나무궤 등장	『선』, 『난』
6월 27일 (7월 25일)		김준민, 강희보, 민여운 전사	동·서문에 5개의 언덕을 쌓고 죽책(竹柵) 건설, 나무궤를 사륜거 위에 장착한 귀갑차 운용, 항복을 요구하는 글을 보냄	『포』, 『난』, 『은』, 『호』
6월 28일 (7월 26일)		황진 전사		『선』, 『난』
6월 29일 (7월 27일)		순성장 교체(황진→서예원→장윤) 장윤 전사 오후에 성 함락, 6만명 사망	동문(오후 2시) 함락, 서문과 북문도 함락	『포』, 『선』, 『난』

* 『선』: 『선조실록』, 『백』: 『백사집』, 『포』: 『포저집』, 『난』: 『난중잡록』, 『은』: 『은봉전서』, 『호』: 『호남절의록』
** 음양력 변환은 한국천문연구원 천문우주지식정보 사이트에서 제공하는 "음양력변환계산"에 의함.

제2차 진주성 전투는 6월 21일에 시작하여 22일부터 본격적인 싸움이 전개되었다. 민여운은 7일간 열심히 싸웠으나 27일 결국 일본군이 쏜 화살에 맞고 전사하게 된다. 같은 날 전사한 인물로는 거제현령 김준민과 광양출신 의병장 강희보가 있다. 민여운이 전사한 다음날인 28일에 황진이 전사하고 이어 장윤까지 전사하면서 수성군이 큰 위기에 처하게 된다. 그리고 결국 동문, 서문, 북문이 차례로 뚫리면서 진주성은 일본군에게 함락당하였고 수성군들은 일본군에 밀려서 촉석루 쪽으로 모였다가 결국 최후를 맞이하였다. 이 전투로 인해 6만 여명의 우리 병사와 백성들이 목숨을 잃었다.

마지막으로 제2차 진주성 전투시에 전사한 인물 164명을 분석하여 호남의병의 성격을 재정리해 보고자 한다. 우선, 대표적인 의병집단과 그 출신지에 따른 분류이다.

계열 (출신지)	인 물	인원 수
김천일 계열 (나주)	강귀지, 강희보, 강희복, 강희열, 강희원, 김공간, 김두남, 김상건, 김지남, **김천일**, 김축, 박승남, 박승성, 박운, 박치경, 박흡, 배몽성, 범기봉, 범기생, 서응두, 서정후, 양산숙, 유한량, 유휘진, 윤성립, 이계년, 이광주, 이의정, 이인민, 이종인①, 이종인②, 임희진, 전룡, 정감, 차승륙, 최구, 최희급, 허협	38
최경회 계열 (화순)	고득뢰, 구희, 김예수, 김의갑, 김인갑, 노성니, 노언경, 노희상, 문홍헌, 문정, 박혁기, 송대창, 안기남, 안기중, 오방한, 옥정류, 이영근, 채희징, 최개, **최경회**, 최억룡, 최희립, 허일	23
고종후 계열 (광주)	고경신, 고경원, 고경형, **고종후**, 귀인, 김언희, 김응복, 김인혼, 배승무, 봉이, 서홍도, 오빈, 오성, 오유, 오주, 오춘기, 전덕인, 전의생, 조곤남, 홍계훈	20
황진 계열 (남원)	공시억, 김사종, 박기수, 박흥남, 소제, 송제, 수이, 양응원, 오영념, 오잠, 정명세, 지득룡, 최호, **황진**	14
심우신 계열 (영광)	김보원, 김부행, 박언준, **심우신**, 임두춘, 정충훈, 최인	7
장윤 계열 (순천)	김대민, 김신민, 남응개, **장윤**	4
민여운 계열 (태인)	**민여운**, 정윤근, 추동	3
기타 및 불명	강희민, 금이, 김개, 김극순, 김극후, 김기경, 김몽해, 김신호, 김영호, 김응건, 김응방, 김준민, 김태백, 김홍렬, 박몽열, 박세향, 박안도, 서계성, 서예원, 성수경, 손승선, 송건도, 송국평, 양제, 오응길, 오죽령, 유복립, 유함, 윤구수, 윤사복, 윤의, 윤탁, 이계련, 이영로, 이예수, 이욱, 이원춘, 이잠, 장윤현, 전사의, 정구룡, 정국상, 정대보, 정대수, 정명원, 정여덕, 정운호, 정원한, 정유경, 조경형, 조인호, 최기필, 최언량, 춘년, 하계선	55

위의 표에 따르면, 제2차 진주성 전투에서 전사한 병력들 중 가장 규모가 큰 쪽은 김천일 계열로 보인다. 김천일을 따라 진주성에 입성하여 싸우다가 목숨을 잃은 인원이 38명이나 된다. 다음은 최경회 계열로 볼 수 있는 23명인데, 김천일과 최경회 계열의 인물만 하더라도 61명이나 된다. 그 다음은 고종후 계열(20명), 황진 계열(14명), 장윤 계열(4명), 민여운 계열(3명) 순서이다. 특정

의병장의 계열로 분류할 수 없는 경우는 대부분 진주 출신의 인물이나 관군으로 여겨진다.

이렇듯 진주성 전투에서 전사한 수많은 인물들 중에서 이름이 확인되는 164명의 인물 중 호남의병은 109명으로 전체의 66%를 차지한다. 제2차 진주성 전투에서 전사한 의병장의 출신지와 그 계열을 중심에 놓고 설명하자면, 나주 출신의 김천일, 화순 출신의 최경회, 광주 출신의 고종후 등이 이끌었던 의병들이 가장 많은 희생을 당했음을 알 수 있다.

다음은 인물별 출신지를 중심으로 제2차 진주성 전투에서 전사한 164명을 다시 표로 정리해 보았다.

출신지	인 물	인원 수
진주	김개, 김태백, 박세항, 박안도, 손승선, 송건도, 송국평, 옥정륜, 유함, 윤사복, 이욱, 이인민, 장윤현, 정국상, 정대보, 최기필, 최언량, 하계선	18
나주(남평)	김공간, 김몽해, 김상건, 김천일, 노희상, 서정후, 양산숙, 이광주, 이영근, 이종인, 전룡, 정감, 최희급, 최희립, 허협	15
화순 (능주, 동복)	구희, 김의갑, 김인갑, 문홍헌, 문정, 박치경, 박혁기, 안기남, 안기중, 오방한, 오죽령, 정충훈, 조곤남, 최경회	14
광주	고경신, 고경원, 고경형, 고종후, 귀인, 김응복, 박승남, 배승무, 범기봉, 범기생, 봉이, 유휘진, 최구	13
남원	고득뢰, 김사종, 박기수, 박승성, 박흥남, 소제, 수이, 양응원, 양제, 황진	10
장성	김극순, 김극후, 김신호, 김언희, 김인혼, 박운, 차승륙, 최인	8
보성	김대민, 김신민, 남응개, 오유, 오수, 오순기	6
영광	김보원, 김응방, 서응두, 심우신, 임두춘, 정여덕	6
순천(낙안)	강희복, 강희민, 노언경, 배몽성, 장윤, 허일	6
무안	강희원, 김부행, 김영호, 김예수, 박연준	5
고창 (무장, 흥덕)	김지남, 노성니, 서흥도, 유한량,	4
담양(창평)	김기경, 김두남, 김축, 오빈	4

태인(정읍)	민여운, 정유경, 정윤근, 추동	4
함평	강귀지, 윤성립, 전덕인, 전의생	4
장흥	이종인, 정명세, 정명원	3
흥양(고흥)	김홍렬, 송제, 이원춘	3
강진	이잠, 홍계훈	2
광양	강희보, 강희열	2
영암	박흡, 최개	2
임실	오성, 채희징	2
여산(익산)	송대창	1
전주	최호	1
정읍	최억룡	1
해남	임희진	1
타지역	김준민(산청), 금이(서울), 박몽열(김천), 서계성(서울), 서예원(서울), 윤구수(예산), 윤탁(합천), 이계년(용인), 이예수(부천), 이의정(금산), 정구룡(함안), 춘년(서울)	12
불명	공시억, 김응건, 성수경, 오영념, 오응길, 오잠, 유복립, 윤의, 이계련, 이영로, 전사의, 정대수, 정운호, 정원한, 조경형, 조인호, 지득룡	17

출신지별로 전사자를 분석해 보면, 우선 진주 출신 인물이 18명으로 가장 많은 수이다. 뒤이어 나주, 화순, 광주 출신 인물의 전사자 비율이 높다. 또, 이름이 확인되는 전사자 165명 중 71%인 117명이 호남 출신 인물이다. 117명의 호남 인물 중에서 광주·전남 지역은 79%인 93명이고, 21%인 24명이 전북 지역 출신 인물이다. 이러한 경향은 앞서 의병장의 계열별 분석에서도 언급한 것처럼 나주의 김천일, 화순의 최경회, 광주의 고종후(고경명의 아들) 등 당시 호남의병을 대표했던 이들의 영향력을 무시할 수 없다.

민여운의 의병부대는 그 수가 매우 많지 않았고, 제2차 진주성 당시의 구체적인 담당구역이라든지 역할이 분명치 않다. 하지만, 진주성 혈전에서 목숨을 걸고 싸웠던 민여운의 공적은 조정에 알려져 통정대부 승정원 좌승지에 증직되었으며, 선무원종공신으로 녹훈되었다. 또, 1858년(철종 9)에는 가선대부嘉

善大夫 이조참판吏曹參判 겸 동지의금부사同知義禁府事 오위도총부五衛都摠府 부총관副摠管으로 추증되었다고 전한다.[26]

4. 결어

지금까지 정읍 출신 인물인 민여운의 생애와 임진왜란 시기의 의병활동에 대해 살펴보았다. 민여운은 여흥민씨 18세로 입암공파의 파조인 민제인의 손자였다. 민제인은 총 여섯 명의 아들을 두었는데, 이 중에서 민여운의 아버지 사관은 둘째 아들이었다. 민사관의 독자였던 민여운은 세 아들을 두었다.

『호남절의록』에는 민여운이 음직蔭職으로 두 고을의 현령을 지냈다고 기록되어 있는데, 관련 자료를 망라해 본 결과 실제 민여운은 세 고을의 수령을 지낸 것으로 확인되었다. 경상도 안의현감(근무시기 불명, 종6품) → 강원도 김화현령(1579~1580년, 종5품) → 전라도 용담현령(1588~1590년, 종5품)이 그의 관력이며, 1592년을 전후한 때에는 첨정(종4품)에 오른 것으로 보인다.

임진왜란이 발발하자 민여운은 10월 중순경 고향인 태인에서 의병을 일으켰다. 동향의 정윤근과 함께 200여명을 모아 창의하였는데, 의병의 운용에는 안의, 송창, 김대립, 김후진 등 태인 출신 인물들의 도움이 컸다. 민여운은 창의 초기부터 호남과 영남의 경계에서 활약했다. 팔량치를 넘어 함안 지역에서 공을 세웠으며, 이후 11월경에는 화순 출신 의병장 최경회, 호서의병장들과 함께 지례와 황간 사이에 있는 우지령에 주둔하여 일본군과 싸웠다. 또한 김면 - 정인홍 등과 함께 개령전투를 승리로 이끌기도 했다. 1593년 6월에는 김천일, 최경회 등과 함께 진주성에 입성하여 제2차 진주성 전투에 참여하였다. 하지만

---

26 『驪興閔氏世系譜』(1권), 驪興閔氏世系譜 刊行委員會, 1973, 453~454쪽.

전투가 시작된 지 7일째 되던 날 일본군의 화살에 맞고 목숨을 달리하였다.

제2차 진주성 전투에서 민여운은 전사하였지만, 임진왜란 시기에 보여준 그의 활약상은 높이 평가받았다. 『호남절의록』에 따르면, 민여운은 호남지역을 대표하는 의병장 19명 중의 한 명이었고, 전북 지역만 놓고 본다면 주요 의병장 6명 중의 한 명으로 기록되어 있기 때문이다. 국사편찬위원회에서 발간한 『한국사 29권』에서도 민여운은 호남의병장 20명 중에 속해 있으며, 전북 출신 8명 중에도 이름이 올라가 있다.

지금껏 우리는 대규모 의병을 이끌었던 소수의 의병장에 대해서만 관심을 보였던 것이 사실이다. 이제 그들에 대해서는 어느 정도 연구성과가 축적되었기 때문에, 민여운과 같이 중규모 단위의 의병장들의 활동상에 주목해야 할 것이다. 이를 통해서 호남의병의 다양한 전모가 밝혀질 수 있을 것이다. 민여운의 생애와 의병활동을 통해, 그동안 잘 알려지지 않았던 새로운 의병장의 행적들이 더 많이 밝혀지기를 기대한다.

제3장

'정읍학'의 입장에서 본 의병장 민여운 선생 관련 사료들의 의미와 가치

김익두

정읍학연구회장, 사단법인 민족문화연구소장

1. 서언
2. 민여운 선생 관련 의병 활동 자료들
3. 조사된 자료들을 통해 본 정읍 의병장 민여운 선생의 삶과 업적
4. 결어 : '정읍학'의 입장에서 보는 민여운

1. 서언

어떤 지역이든 역사를 살펴보면 그 지역에는 **의로움**[義]을 드높인 의인 열사들이 없을 수 없겠지만, '정읍'은 여러 면에서 이 '의로움' 면에서는 역사적으로 남다른 데가 있는 고장이다.

일찍이 조선 후기 순창 출신 유학자 노사蘆沙 기정진奇正鎭(1798/정조 22~1879/고종 16)은 「건재 선생 문집 서문健齋先生文集序」에서 "**의병**義兵이란 본래 나리를 평정하고 폭도들을 제압하는 사람들을 일컫는 말로, 춘추시대春秋時代 이전에도 있었으나, 초야에 묻혀 있는 이가 충의忠義로써 호부虎符[1]도 없이 서로 더불어 일어나 국난에 대응하는 것을 우리나라 사람들이 의병이라 한 것은, 의병이 관병官兵과 다른 점을 구별하기 위해 그렇게 부른 것이다. 이러한 의병은 우리나라 선조대왕 시절 임진년에 처음 나타났으며, 그 이전에는 일찍이 없었다."[2]라고 분명히 하고 있다.

이 '의병'은 호남지방 최초의 본격적인 의병 활동으로 알려진 1592년 5월 건재 김천일 선생의 나주 의병 거병도, 그 거병 발발의 싹은, 건재 선생이 그의 스승인 호남 유학의 비조鼻祖 정읍 북면 거주 일재一齋 이항李恒(1499/(연산군 5~1576/선조 9)[3] 선생 문하 수학의 결과였다.[4] 정읍은 일재 선생의 제자 교육을 통해서 호남 의병의 주요 인물들인 건재 김천일, 오봉 김제민(정읍), 도탄 변사정(김제), 물재 안의(정읍), 원모당 김후진(정읍), 월봉 김대립(정읍), 한계 손홍록

1　군대 동원 표지.
2　김천일 지음, 김익두 옮김, 『건재 김천일 전집』Ⅰ, 서울: 문예원, 2018, 65쪽.
3　일재 이항은 장성의 하서 김인후(1510년/중종 5~1560/명종 15)와, 김인후는 해남의 미암 유희춘(1513/중종 8~15///선조 10)과 친사돈 관계를 맺어, 이 세 분은 사돈 관계로서, 호남 유학의 3대 비조로 알려져 있고, 미암 선생은 나중에 건재 선생을 관계에 천거한 사람이기도 하다.
4　나중에 일재가 서거한 후, 자신의 건재는 자신의 나이 41세 때에 정읍시 북면 보림리에 남고서원을 세워(1577) 그 사당에 일재 선생의 신위를 모시었다.

(정읍), 매헌 소산복(남원) 등의 임난 의병 혹은 준 의병들을 양성해 내었다.[5]

한편, 최현식 선생의 『정읍의병사』를 보면, 정읍의 의병/절의 인물로 기록된 인물은, 임진왜란 52명(송상현, 신호, 김제민, 백광언, 류희진, 이경주, **민여운**, 전덕린, 이경국, 류경인, 류준필, 이대축, 이환, 이허량, 권극평, 안의, 허상징, 김진태, 김신문, 정윤근, 김흔, 김안, 류윤근, 류희사. 이안국, 희묵, 손승경, 하광수, 최준, 김명, 김의립, 이시화, 송인신, 손오상, 류희문, 임희건, 안량우, 손홍록, 김대림, 김후진, 이수일, 김복억, 송지순, 김엽, 류극인, 김지백, 최안, 최경행, 송창, 정염, 이영국, 이원신), 정묘호란·병자호란의 의병/절의 인물로 14명(김준, 이유, 김유성, 최응립, 백함생, 김득룡, 김징, 배명순, 최억룡, 김지문, 김지수, 김성, 김남식, 김지서), 한말 의병/절의 인물로 7명(김영상, 류병우, 임병찬, 류종여, 이성화, 김기술, 김우섭) 등을 인물별로 그 업적과 일생을 간략히 기록해 놓고 있다.[6]

이 기록에 의하면, 정읍과 관련된 의병/절의 주요 인물들은 총 73명이나 된다. 이것은 기록에 남아 있는 인물들이고, 이런 기록에 주요 인물로 기록되지 못한 수많은 일반 의병들, 곧 이렇게 기록된 의병/절의 인물들을 따라 의병/절의 활동을 하였던 평범한 일반 의병들은 또 얼마나 많았을 것인가.

본고는, 이상에 간략히 언급한 정읍 의병/절의 인물들 중에서, 임진왜란 때의 의병 활동가로 기록되어 있는 의병장 민여운 선생에 관한 기록들을, '정읍학'의 입장에서 집중적으로 종합·검토하여, 이분에 관한 역사 기록 자료들이 가지는 '정읍학'에서의 의미와 가치를 논의하고자 한다.

---

5 이항 지음, 권오영 옮김, 「일재선생유집 3권, 부록: 문인록」, 『국역 일재선생 문집』, 일재선생 문집국역추진위원회, 2002, 164~175쪽.
6 최현식, 『정읍의병사』, 정읍문화원, 2006, 30~104쪽.

2. 민여운 선생 관련 의병 활동 자료들

민여운 선생의 의병 활동과 관련된 역사적인 기록 자료들로는 현재 다음과 같은 것들이 확인되고 있다.[7]

1) 『임계기사壬癸記事』(1592~1593) 기록

이 기록은 민여운 선생에 관한 가장 오래된 역사 기록이라는 점에서 매우 중요하며, 이 기록물은 현재 전라북도 정읍시, 정읍시립박물관에 보관되어 있으며, 2017년 3월 31일 전라북도의 유형문화재 제245호로 지정되었다.
이 기록에 보이는 민여운 선생에 관한 기록은 다음과 같다.

> ○ 安義孫弘祿爲義穀都有司時 別錄
> 癸巳九月 募取 白米五百石 木花四百斤 細木一疋 白綿紬一疋 壯紙卄卷
> 自出 白米五百二石二斗 木花百斤內 白米三百卅八斛七斗 木花五百斤 白綿紬一疋 細木一疋 壯紙卄卷 全羅道他義穀未送之前 先送義州行臺(物目成册 踏印本 縣 在戶曹)
>
> 餘分送高崔閔三義兵大將
>
> 送勇健奴三名于前府使高敬命大將
>
> 送勇健奴三名于前府使崔慶會大將
>
> 送勇健奴二名于前縣令閔汝雲大將
>
> 崔義兵軍功磨鍊時 報巡察使道成册內 泰仁幼學安義孫弘祿 自恨以儒生不能

---

[7] 이에 관해서는, 민여운 선생 유족 민득기 선생의 조사 자료에 크게 힘입은 것임을 밝혀둔다.

赴戰 自 募代送勇健壯奴太福孟斤 其爲國誠心 極爲可嘉

閔義兵 報奴秋同射殺賊 (落字) 射中二

體察使 柳成龍

副察使 金鑽

巡察使 權慄

體察使 鄭澈

穀物募取記

前郡守 金福億 白米平二石十斗

前主簿 金慶億 白米平二石

安義 白米平二十石 木花一百斤

孫弘祿 白米平二百十二石二斗 木花一百斤

金後進 白米平二十石十斗

金知白 白米五斗

李守一 白米平一石

金大立 白綿紬一疋

鄭思謙 木花四百斤

宋昌 細木一疋

官奴 扇匠 莫終 大壯紙 廿卷

○ **泰仁閔義兵 軍粮勸諭文**

都繼運將 泰仁幼學安義孫弘祿 痛哭渾淚 再拜謹告于大小人員 伏惟 我朝禮義之國 主上聖明之君也 是以德洽一國 化及遠夷 遠夷之國感而服之者 其來久矣 不意今者蠢蠢倭賊 乘我昇平日久 大小恬憘 侵陵我郊畿 魚肉我生靈 使二百年祖宗宗社盡蕩爲灰燼 使我堯舜之聖主 播越於天西千里之外 嗚呼 爲臣民者 孰不切齒

腐心 欲爨其肉哉 思之其罪 其罪不容誅 曷勝痛哉 孔子曰 微管仲 吾其爲披髮左衽 孟子曰 夷狄不可與中國 況君父之讐 不可共戴一天也 則其可甘爲異類而同處一國乎 嗚呼 値此危亂之日 孰能仗忠奮義以雪其恥以洗其辱乎

前龍潭縣令 閔公汝雲 有仁有德之將也 其雄謀忠略 特出於湖南 郭汾陽之受拜回紇 崔致遠之檄走黃巢 可復見於今日矣 其爲大將不 (落三四字) 與敵愾同志之士 倡義振旅 人皆影從而響 (落三四字) 千矣 勢如破竹 談笑可擊 第凶荒連年 軍 (落三四字) 嗟그難 可辦 願有忠義慷慨之心者 毋惜數斛之穀 數疋之布 給我義兵 使之恢復 雪一國之恥 報君父之讐 千萬幸甚

慷慨作詩三絶 詩曰

聖繼神承二百年 那知金闕鎖腥烟 當時害物跳梁罪 直斬其頭祭彼天

孔曰成仁孟曰義 臣民當死爲吾君 臨危財寶何須惜 恢復如今在義軍

美人何處彼西方 遙望天涯淚自滂 一倡義兵能雪恥 願君毋惜數升粮

扈從時 慷慨吟成四韻

聖繼神承二百春 不料金闕鎖腥塵 怏怏眞殿栖岐下 咄咄前旒寓漆濱
義士荷戈忘雨雪 腐儒甞膽守昏晨 後來天道還歸順 佳氣葱蘢繞紫宸

○ 안의와 손홍록이 의곡義穀 도유사都有司가 되었을 때의 별록別錄

계사년(1593) 9월에 백미 500섬, 목화 400근, 세목 1필, 흰 명주 1필, 장지 20권을 모취募取함. 스스로 백미 202섬 2두, 목화 100근을 출연함. 그 안에 백미 338곡斛 7두斗, 목화 500근, 흰 명주 1필, 세목 1필, 장지 20권을 전라도 다른 곳에서 의곡義穀

을 아직 보내지 않을 때 의주義州 행재소에 보냄. <물목 성책物目成冊에 본현本縣 관인官印을 찍었는데, 호조戶曹에 있음> 나머지는 나누어 고경명高敬命, 최경회崔慶會, 민여운閔汝雲 세 명의 의병대장에게 보냄.

용감하고 건장한 사내종 3명을 전 부사前府使 고경명 대장에게 보냄
용감하고 건장한 사내종 3명을 전 부사 최경회 대장에게 보냄
용감하고 건장한 사내종 2명을 전 현령前縣令 민여운 대장에게 보냄

최의병崔義兵(최경회)의 군공軍功을 마련磨鍊(헤아려 갖춤)할 때 순찰사에게 보고하는 성책成冊 내용 안에 '태인의 유학 안의와 손홍록이 유생으로서 전쟁터에 나아가지 못함을 한스럽게 여겨 스스로 모집한 용감하고 건장한 사내종 태복太福과 맹근孟斤을 대신 보냈으니, 나라를 위한 지극정성은 매우 가상하다. 민의병閔義兵(민여운)이 사내종 추동秋同이 활을 쏴 왜적을 사살 (글자 원문 빠짐)

체찰사體察使　유성룡柳成龍
부찰사副察使　김찬金鑽
순찰사巡察使　권율權慄
체찰사體察使　정철鄭澈

<곡물 모취기穀物募取記>
전 군수前郡守 김복억金福億　　　백미白米 평平 2섬 10두斗
전 주부前主簿 김경억金慶億　　　백미 평 2섬
안의安義　　　　　　　　　　　백미 평 20섬, 목화 1백근
손홍록孫弘祿　　　　　　　　　백미 평 212섬 2두, 목화 1백근
김후진金後進　　　　　　　　　백미 20섬 10두
김지백金知白　　　　　　　　　백미 5두

이수일 李守一	백미 평 1섬
김대립 金大立	흰 명주 1필
정사겸 鄭思謙	목화 4백근
송창 宋昌	세목細木(올이 가는 무명) 1필
관노官奴 부채 만드는 장인[扇匠] 막종莫終	대장지大壯紙 20권

○ 태인泰仁 민의병閔義兵(의병장 민여운의 의병부대)의 군량 권유문軍糧勸諭文

도계운장都繼運將 유학 안의와 순홍록이 통곡하며 눈물을 닦고 두 번 절을 하고 대소신료들에게 삼가 다음과 같이 고합니다. 삼가 생각건대 우리나라는 예의의 나라이며 주상전하는 성스럽고 현명하신 군주입니다. 이 때문에 성덕이 온 나라에 넘치고, 교화가 먼 오랑캐까지 파급되었습니다. 먼 오랑캐 나라에서 이를 감격하여 복종한 지 그 유래가 오래되었습니다.

뜻하지 않게 지금 못된 왜적들이 우리나라의 오랫동안 태평성대가 오래되고 대소 신민들이 편안히 여김을 틈타 우리나라 경기지역 까지 침범하여 우리 생령을 어육으로 만들었습니다. 이백여 년 조정의 종묘사직이 다 사라져 잿더미가 되게 하였고 요순 같은 성군께서 하늘가 천리 밖에까지 파천하게 되었습니다. 아 신민이 되는 자가 어떤 사람인들 누군들 절치부심하며 그 왜적을 죽이고자 하지 않겠습니까. 생각해보면 왜적의 죄는 죽음으로써 용납되지 못하니 어찌 그 애통함을 견디겠습니까. 공자가 말씀하기를, "관중(管仲)이 아니었다면 우리는 머리를 풀고 옷깃을 왼편으로 하는 오랑캐가 되었을 것이다."고 하였고, 맹자가 말씀하기를, "오랑캐는 중국에 함께 살 수 없다."고 하였습니다. 더구나 군부(君父)의 원수는 같은 하늘 아래에서 함께 살 수는 없으니, 그렇다면 기꺼이 오랑캐가 되어 한 나라에 함께 있어야 되겠습니까. 아, 이런 위급한 날을 당하여 누가 능히 충의를 의지하여 떨쳐 일어나 치욕을 씻을 수 있단 말입니까

전前 용담현령龍潭縣令 **민공 여운閔公汝雲**은 인덕仁德이 있는 장수입니다. 그의 뛰어난 계책과 충성스러운 전략은 호남에서 특출났습니다. 회흘回紇을 복종시켰던

곽분양郭汾陽과 격문檄文으로 황소黃巢를 달아나게 했던 최치원崔致遠을 오늘날에서도 일을 볼 수 있을 것입니다.

그가 대장이 되어 (3, 4 원문 글자 빠짐) 적개심을 가지고 뜻을 같이 하는 선비들과 의병을 주도적으로 일으키는 사람들이 모두 그림자나 메아리처럼 따라 (3, 4자가 결락됨) 그 형세가 파죽지세로 담소하는 사이에 적을 물리칠 수 있었습니다. 다만 흉년이 이어져 군사가 (3, 4자 원문 글자 빠짐) 마련하기가 어렵습니다.

원컨대, 충의忠義의 강개한 마음이 있는 사람들은 몇 곡의 곡식과 몇 필의 베를 아끼지 말고 우리 의병에게 주어 국토를 회복하고 나라의 치욕을 씻으며 군부의 원수를 갚을 수 있도록 하심이 매우 다행이겠습니다.

강개한 마음으로 시를 짓는다. 절구絶句 3수首는 다음과 같다.

성군들이 왕위를 계승한 지 이백여 년
궁궐에 오랑캐 연기 가득할 줄 어찌 알았으리.
지금 사람을 해치고 날뛰는 저 왜적들의 죄
곧장 머리를 베어 저 하늘에 제사를 지내리라.

공자는 살신성인, 맹자는 의리를 말씀하셨지.
신하와 백성들은 임금님을 위해 죽어야 하리.
위급할 때 재물을 어찌 아낄 필요가 있으리오.
지금 나라를 회복하는 건 의병에 달려있네.

아름다운 님이여, 어디에 계시나 저 서쪽이로다.
멀리 하늘가를 바라보며 눈물을 펑펑 흘리노라.
의병을 한번 일으키면 치욕을 씻을 수 있으니
원컨대, 그대들이여 몇 되 양식을 아끼지 마소.

호종扈從(어진御眞을 모시고 따라감)할 때 강개한 심정을 사운四韻으로 읊조려 씀.

성군들이 왕위를 계승한 지 이백여 년
궁궐에 오랑캐 먼지가 가득할 줄 생각지 못했네.
즐겁지 않구나, 어용이 기산 아래에 깃들이고
탄식하는 면류관 쓴 임금은 칠수 물가에 있구나.
의병은 창을 메고 눈과 비를 잊고 있는데
이 못난 선비 충정으로 아침저녁 수직을 했네.
훗날, 천도가 다시 올바르게 돌아오면
아름다운 푸른 기운이 대궐을 감싸리.[8]

2) 『선조왕조실록』 선조26년(1593) 계사 7월 16일(무진) 기록

이때 변보邊報가 매우 위급하자, 창의사倡義使 김천일金千鎰이 군사 3백 명을 거느리고서 6월 24일 진주로 달려 들어갔고, 충청병사 황진黃進이 7백 명, 경상우병사 최경회崔慶會가 5백 명, 의병복수장義兵復讎將 고종후高從厚가 4백 명, 부장副將 장윤張潤이 3백 명, 의병장 이계련李繼璉이 1백여 명, 의병장 변사정邊士貞의 부장이 3백 명, **의병장 민여운**閔汝雲이 2백 명의 군사를 거느리고서, 이미 먼저 와서 본부목사本府牧使 서예원徐禮元과 김준민金浚民·이종인李宗仁 등과 수성守城을 의논하고 있었다.

---

8   자료 제공 : 이용찬.

3) 『선조수정실록』 선조 26년(1593) 6월 1일(갑신) 기록

이윽고 심유경이 적영賊營으로부터 돌아와서 또한 말하기를, "행장이 청정을 극력 저지하였으나 끝내 듣지 않았으므로 행장은 종군하지 않았습니다. 그러나 이 군사는 진주를 공격하고 그만둘 것이니 다른 걱정거리는 없을 것입니다."하였다.

김명원金命元이 한효순韓孝純과 더불어 심유경을 만나보고 그 군사를 중지시켜 주기를 강력히 청하니, 심유경이 말하기를, "내가 이미 행장에게 중지하도록 간청하였고 행장의 생각도 중지했으면 하나, 그 형세가 이미 이루어졌으므로 끝내 돌릴 수 없습니다. 지금은 다른 방책이 없으니 다만 여러 장수들로 하여금 성을 비우고 잠깐 피하게 하는 것이 상책입니다. 그런데 조선이 나의 말을 따르지 않으니, 나 역시 어찌하겠습니까."하였다.

유정劉綎이 청정에게 서신을 보내어 그가 맹약을 어긴 것을 꾸짖고 화복禍福의 이치로 타일렀으나 청정은 답하지 않았다. 이에 원수元帥가 관군과 의병에게 전령하여 나아가 진주를 지키게 하였다. 창의사 김천일은 군사 3백을 거느리고 먼저 달려가 성에 들어갔고, 충청 병사는 군사 7백을 거느리고, 경상병사 최경회崔慶會는 군사 5백을, 의병복수장義兵復讐將 고종후高從厚는 군사 4백을, 부장副將 장윤張潤은 군사 3백을, 의병장 이계련李繼璉은 군사 1백여 명을, 의병장 변사정邊士貞은 그 부장 이잠李潛을 보내어 군사 3백을 거느리게 하고, **의병장 민여운**閔汝雲은 군사 2백을, 강희열姜希悅·고득뢰高得賚·강희보姜希輔·오유웅吳宥熊 등도 모두 군사를 거느리고 왔으며, 거제현령 김준민金俊民 및 김해 부사 이종인李宗仁 등은 먼저 성안에 있으면서 목사牧使 서예원徐禮元과 수비책을 의논하고 있었다.

4) 『복남지伏南志』 '곤坤'(1624/인조 2년, 혹은 1684/숙종 10년 추정) 기록[9]

飛義將閔汝雲 與其副將鄭允謹 歃血同盟 以熊字爲軍標 守城七日 督戰不已 斬獲甚衆 身被十餘創裹創 復戰左手斷右手折 而力戰愈督忽中賊矢而死 副將允謹代領其衆 使子昌文 收公屍歸葬於鄭之先山 奴秋同亦勇建善射者 從公入城斬獲甚多 及與公同死於賊

—『伏南志』坤篇

비의장飛義將 **민여운**閔汝雲은 삽혈 동맹을 한 그의 부장 정윤근과 함께 웅熊자를 군표로 삼아서 7일 동안 성을 지키며 싸움을 독려하기를 그치지 않았다. 찔려 죽거나 사로잡힌 병사들이 심히 많고, 자신의 몸에는 십여 군데 창상을 입었으나, 다시 싸워 왼손은 끊어지고 오른 손은 부러진 상황에서 힘을 다해 싸우다가 홀연히 날아온 적의 화살에 죽으니, 부장 정윤근이 병사들을 대신 이끌었으며, 정윤근은 자신의 아들 창문昌文을 시켜서 공의 시신을 거두어 돌아가 정씨의 선산에 장사를 지냈다. 가노家奴 추동秋同 또한 용감하고 건장하여 활을 잘 쏘는 자였는데, 공을 따라 성에 들어와서는 많은 적을 죽이고 잡아 들였으며, 공과 더불어 함께 적에게 죽임을 당하였다.

—『복남지』곤편/하편

---

[9] 임진왜란에 관한 기록물인 이 책은 이 책 2권/하권 부록에 실린 '우재(尤齋)'라는 사람과 윤극(尹極)이라는 사람이 주고받은 서간문의 작성 날짜 갑자년/1624년인 것으로 보아, 이 책이 쓰여진 년대가 1624년/갑자년 혹은 1684년/갑자년인 것으로 추정된다. 그 이유는 '우재(尤齋)'라는 호를 쓴 사람은 고령 출신 의병 이영숙(李永淑, 1564~1630)인 것으로 확인되기 때문이다. 즉, 이 책이 이 두 사람 사이에 편지를 주고 받은 당대에 기록된 것이라면 1624년/갑자년이 기록 시기일 것이고, 그보다 뒤에 쓰여진 것이라면 그 후 60년 후인 1684년/갑자년 정도가 될 것이기 때문이다.

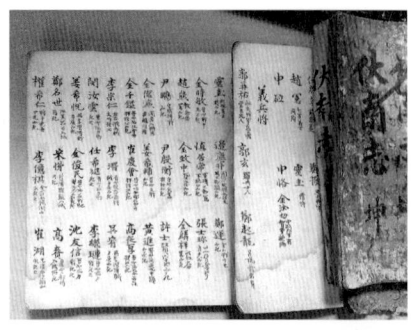
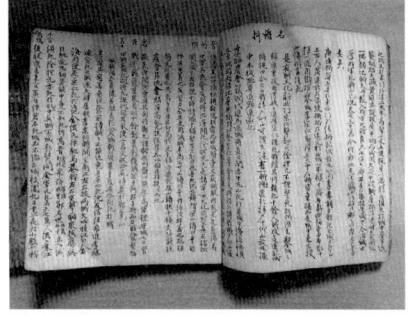
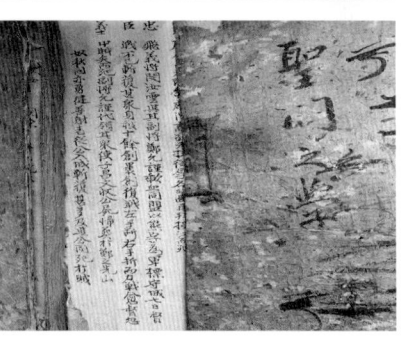

5) 『백사집白沙集』(1629) 기록

이때에 변보가 시급하자, 창의사 김천일金千鎰은 군사 300명을 거느리고 14일 동안 말을 달려 진주로 들어왔고, 충청병사 황진黃進은 군사 700명을, 경상병사 최경회崔慶會는 군사 500명을, 복수사 고종후高從厚는 군사 400명을, 의병장 장윤張潤은 군사 300명을, 의병장 이계련李繼璉은 군사 400명을, 의병장 변사정邊士貞은 그의 부장 이잠李潛을 보내어 군사 300명을, 의병장 **민여운**閔汝雲은 군사 200명을 각각 거느리고 먼저 와 모였으며, 본 고을 목사 김해부사 이종인 등은 바야흐로 성을 지킬 것을 의논하였다.[10]

---

10 이항복, 「백사기사(白沙記事)」, 『건재 김천일 전집』, 김익두·허정주 옮김, 서울: 문예원, 2018, 439쪽에서 재인용.

김천일의 경우는 그 공과 마음은 고경명과 똑같으나, 그 행적은 남보다 두어 등급이 더 높은 데가 있습니다. 진주晉州가 급해진 때를 당하여, 김천일은 의병장義兵將으로서 마침 도내道內에 있었던 바, 당시에는 상장上將이 명령을 전달하거나 지휘하는 일도 없었으므로, 24일에 홀로 3백 명의 군사를 거느리고 가장 먼저 진주성晉州城에 들어갔는데, 그런 다음에야 황진黃進, 최경회崔慶會, 고종후高從厚, 장윤張潤, 이계련李繼璉, **민여운**閔汝雲 등이 풍문을 듣고 차례로 진주성을 들어가게 되었으니, 이것이 그 첫 번째 어려운 일입니다.[11]

6) 『월파집月坡集』(1647) 제3권 임진 기록

○ (임진년, 1592년) 6월 12일(경자)

진군進軍하여 태인泰仁에 당도하였다.

이 고을의 전 현령 민여운閔汝雲이 정윤근鄭允謹과 더불어 향병鄕兵을 모집하여 왔다.

7) 『학봉일고鶴峯逸稿』(1649) 부록 제3권/
학봉김문충공사료초존鶴峯金文忠公史料鈔存 하 『난중잡록亂中雜錄』의 기록

선조 26년 계사(1593) 1월 8일에 경상우도 순찰사 김성일이 장계하기를, "지난해 12월에 진주성이 장차 함락되려고 할 때, 신이 장악원첨정掌樂院僉正 조종도趙宗道와 공조정랑工曹正郎 박성朴惺을 나누어 보내어, 호남의 좌도와 우도의 의병에게 구원을 요청하였습니다. 그러자 임계영任啓英, 최경회崔慶會 두 장수는 호남과 영남은 광대뼈와 잇몸이 서로 의지하는 것과 같은 형세가 있어서 존망과 성패가 매우 긴밀하다고 하면서 즉시 군사를 거느리고 서로 잇달아 달려와 응원하였습니다. 그

---

11 이항복, 「상신 이항복 헌의(相臣李恒福獻議)」, 『건재 김천일 전집』, 김익두·허정주 옮김, 서울: 문예원, 2018, 433쪽에서 재인용.

리고 전 주부主簿 **민여운**閔汝雲도 태인泰仁으로부터 와서 비록 진주의 싸움에는 미처 참가하지 못하였지만, 인하여 **성주**星州와 **지례**知禮의 경계에 머물러 있으면서 본도의 의병대장 김면金沔, 정인홍鄭仁弘 등과 힘을 합하여 왜적을 토벌하였는데, 여러 번 접전하여 적병을 죽인 것이 매우 많습니다. 이에 왜적들의 기세가 자못 꺾어져서 숨어만 있고 나오지 못하고 있는바, 온 도의 사람들이 바야흐로 중하게 의지하여 함께 앞뒤에서 협격하는 형세를 이루게 되었습니다. … 후략 …

8) 『일성록日省錄』(1799) 정조 23년 8월 22일 기록

云李魯日記 有曰閔汝雲崔慶會則湖南義兵將也. 韓明胤朴以龍則湖西義兵將也, 同陣于牛旨嶺下 以禦金山知禮留屯之賊 號令嚴肅軍容克壯

또 이로의 일기에, "**민여운**閔汝雲과 최경회崔慶會는 호남의 의병장이고, 한명윤과 박이룡은 호서의 의병장이다. 함께 우지령牛旨嶺 아래 진을 치고 김산金山과 **지례**知禮에 남아 주둔하고 있던 적을 막았는데, 호령이 엄숙하였고 군대의 위용이 매우 장엄하였다."라고 하였습니다. … 후략 …

9) 『호남절의록湖南節義錄』(1799)¹² 기록

○ 閔汝雲 字龍從 驪興人 文仁公令謨後 贊成齊仁孫 慷慨有氣節志略過人 蔭敍二縣令皆有治績 任辰與同縣鄭允謹 募得鄕兵二百餘人 傳檄列邑聚糧飭治戒械 倡起義旅誓雪國恥 衆推公爲大將鄭允謹爲副將 公登壇歃血同盟 以熊字爲軍標 自號飛義將 率兵踰八狼峙至咸安等地 每遇賊必克斬獲無數 癸巳六月賊復大至

---

12 임진왜란을 비롯하여 정유재란과 이괄의 난 및 정묘호란 · 병자호란, 그리고 이인좌의 난 등에서 국난을 극복하기 위하여 의거를 일으켜 절의한 호남출신의 의적(義蹟)을 수록한 책.

圍晉城時 公麾下義士有三百餘人 公斫指出血誓以同死仍檄勵忠義 衆皆有效死之心 乃與倡義使金千鎰 復讐將高從厚 慶尙兵使崔慶會 忠淸兵使黃進 彪義將深友信 諸公同入晉城 固守七日督戰不已斬獲甚衆 身被十餘創裹創 復戰左手斷右手折 而督勵將士 力戰愈急士皆奮力焉 二十七日巡城時 忽中賊矢而死 鄭允謹代領其衆 使子昌文收公屍歸葬鄭之先山事 聞贈左承旨綠宣武原從勳

○ 奴秋同亦勇健善射者 從公每戰斬獲甚多 同入晉城射殺賊酋二于 及亦死亦死於賊

○ 鄭允謹 字仲欽 慶州人月城君宗哲後 器局魁偉弓馬閑熟 壬辰與閔公汝雲 齊聲倡義同赴晉州 閔公爲大將公爲副將入城死守 受圍八日閔公中矢已死 公代領其兵 與崔慶會合陣督戰 氣盡手折遇害于賊 贈軍器寺主簿 子昌文搜得公屍歸葬 丁酉南原之役 昌文欲復讐 率家僮數十 哭辭廟訣其母赴賊而死 母洪氏妻鄭氏聞其死 幻着男服赴南原俱死於賊 鄭氏子夢台生纔一歲 臨行屬婢莫禮以養兒繼嗣之意諺書遣其子.

○ **민여운**閔汝雲은 자가 용종龍從이요, 본관이 여흥이다. 문인공文仁公 영모令謨의 후예로서 제인濟仁의 손자이다. 불의를 보고 참지 못하며 절개가 있고 지략이 뛰어나며 음서蔭敍로 두 고을의 현령을 지내면서 치적治積을 남겼다. 임진년에 같은 현에 사는 정윤근과 더불어 향병鄕兵 2백여 명을 모집하고 고을마다 격문을 전하여 군량을 모으고 군율과 병기를 정비하여 나리의 수치를 씻고자 의병을 일으키니, 병사들은 공을 대장으로, 정윤근을 부장으로 추대하였다. 공은 단상에 올라 삽혈동맹[손가락을 베어 피를 흘려 모은 다음 나누어 마시며 맹세하는 의식]을 하고, 웅熊자를 군표로 삼고 스스로 비의장이라 불렀다. 병사들을 거느리고 팔랑치八良峙를 넘어서 **함안**咸安 등지에 이르러, 적을 만날 적마다 반드시 무찌르고 수없이 죽이고 잡아들였다. **계사년 6월** 적들이 다시 많이 몰려와서 진주성을 에워쌌을 적에, 공에게는 휘하에 삼백여 명의 병사들이 있었는데, 공은 손가락을 잘라 피를 내어 다 함께 죽기를 맹세하고 충성스런 대의를 북돋아 주니, 병사들이 모두 죽기를 각오하였다.

그리고 창의사 김천일, 복수장 고종후, 경상병사 최경회, 충청병사 황진, 표의장 심우신등 여러 제장들과 함께 진주성에 들어갔다. 성을 지킨지 7일째 되는 날 많은 병사들이 죽고 잡혀가서 전투를 독려할 상황이 아니었다. 몸에는 십여 군데 창상이 있고 또 왼손을 부러지고 오른 손을 꺾이었음에도 장사병에게 싸우기를 독려하니, 병사들이 모두 힘을 다해 나섰다. 27일 성을 순시할 적에 홀연히 날아온 적의 화살을 맞아 순직하였다. 정윤근은 대신 그 병사들을 거느리며. 아들 창문으로 하여금 공의 시신을 거두어서 정씨의 선산에 장사를 지내게 하였다. 좌승지로 증직되고 선무원 종훈을 녹하였다고 들었다.

○ 가노 추동秋同 또한 똑같이 또한 용감하고 활을 잘 쏘았다. 공이 싸움에 나설 적마다 따라나서 참으로 많이 죽이고 잡아 들였다. 진주성에 같이 들어가서 적의 장수 두명을 쏘아 죽이고 공이 죽자 또한 적에게 죽임을 당하였다.

○ 정윤근鄭允謹은 자가 중흠仲欽이요 본관은 경주로써 월성군 종철의 후예이다, 그릇이 컸으며 활과 말을 잘 다루었다. 임진년에 민여운과 같이 나서서 주창하여 의병을 일으키고 함께 진주에 갔었다. 민여운이 대장, 공이 부장으로 성에 들어가서 죽음을 다하여 지켜냈다. 성이 포위 당한지 팔 일째 되는 날 민여운이 화살을 맞아 죽자 공이 대신 그 병사들을 거느리고 최경회와 합진하여 싸움을 독려하다가 기운이 다하고 손이 부러진 상황에서 적에게 해를 입었다. (죽었다) 군기시주부로 증직되었다. 아들 창문이 공의 시신을 수습하여 장사를 지냈다. 정유년 남원에서 전투가 벌어지자 창문은 복수를 하려고 가동 수십명을 거느리고서 사당에 울면서 말씀드리고 그의 어머니를 이별하고 적있는 데로 가서 죽임을 당하였다. 어머니 홍씨와 부인 정씨는 그의 죽음을 듣고 남자의 복장으로 변장하여 남원에 함께 가서 적에게 죽임을 당하였다. 정씨의 아들 몽태夢台는 태어난 지 겨우 한 살이었는데 남원에 가려할 적에 거느리던 여종 막례에게 아이를 잘 키워서 가문을 잇도록 하고 그 뜻을 그의 아들에게 언문의 글로써 남겼다.

10) 『호남절의록湖南節義錄』(광주향교본, 연대미상) 기록

민여운閔汝雲: 자字는 용종龍從이요, 본관은 여흥驪興이니, 문인공文仁公 영모令謨의 후예이요, 찬성贊成 제인濟仁의 손孫으로 기절氣節이 강개慷慨하고 지략智略이 과인過人하였으며, 음사蔭仕로 용담현령龍潭縣令이 되어 크게 치적治績을 쌓았다.

임진년壬辰年에 동향인同鄕人 정윤근鄭允謹과 더불어 향병鄕兵 이백여 인을 모득募得하여 열읍列邑에 격문檄文을 발發하여 군량軍糧과 병기兵器를 정비한 후, 사중士衆에 의하여 대장으로 추대되자 공은 개연慨然 등단登壇하여 삽혈동맹歃血同盟을 하고 웅자熊字로 군표軍標를 하여 비의장飛義將이라 자호自號하고, 팔랑치八狼峙를 넘어 함안咸安 등지等地에서 무수한 적을 참살하였다.

계사년癸巳年 6월에 적장賊將 청정淸正이 전년前年의 진주晉州 참패를 보복코자 합병合兵 수십만으로 진주를 침공하려 하매, 공은 휘하 의사義士 삼백여 인과 혈서血書로써 순국殉國할 것을 맹세하고 창의사倡義使 김천일金千鎰, 복수장復讐將 고종후高從厚, 경상병사慶尙兵使 최경회崔慶會, 충청병사忠淸兵使 황진黃進, 표의장彪義將 심우신沈友信 등 제공諸公과 더불어 진주에 입성하여 항전 칠일 동안에 십여처十餘處의 창상槍傷을 입고 좌우 손가락이 다 절단되었으되, 그 아픔을 잊고 더욱 독전督戰하다가 이십칠 일 순성중巡城中 적의 유시流矢에 맞아 순국殉國하니 정윤근鄭允謹이 공의 직職을 대섭代攝하고 자신의 아들 창문昌文으로 하여금 공의 시체를 수렴하여 귀장歸葬케 하였다. 선무원종훈宣武原從勳에 록록하고 이조참판吏曹參判을 증贈하였다.

―태인泰仁

정윤근鄭允謹: 자字는 중흠仲欽이요, 본관은 경주, 월성군月城君 종철宗哲의 후예로 기국器局이 괴위魁偉하고 궁마弓馬에 한숙閑熟하였다.

임진년壬辰年에 민여운閔汝雲과 더불어 창의倡義하고 계사년癸巳年에 진주晉州로 입성하여 부장副將으로써 성을 사수死守하다가 역전力戰 팔일八日만에 민공閔公이 전사하매 공이 민공의 대장직大將職을 대행代行하고 최경회崔慶會와 더불어 합력合

力 독전督戰하다가 기진수절氣盡手折하여 적에게 우해遇害되었다. 군기시주부軍器寺主簿를 증증贈하였다.

11) 『태인삼강록泰仁三綱錄』(연대미상) 기록

　　閔汝雲 字龍從 驪興人 贊成齊仁孫 慷慨有氣節志略過人 蔭敍二縣令皆有治績 壬辰與同縣鄭允謹 募得鄕兵二百餘人 傳檄道內聚糧治戒倡起義旅 衆推公爲大將鄭允謹爲副將 公登壇歃血同盟誓 以熊字爲軍標自號飛義將 率兵踰八狼峙至咸安所到邑 遇賊必克斬獲無數 癸巳六月賊大至圍晉城時 公斫指血誓以同死仍檄勵壯士 衆皆效死 乃與倡義使金千鎰復讐將高從厚慶尙兵使崔慶會 忠淸兵使黃進彪義將深友信同入晉城 固守七日 督戰不已斬獲甚衆 身被十餘創左手斷右手折 忽中賊矢而死 鄭允謹代領其衆收屍歸鄭之先山事 聞贈左承旨綠宣武原從勳 奴秋同亦勇健善射　同公入晉城射殺賊酋二人亦死於賊

　　鄭允謹 字仲欽 慶州人 月城君宗哲後 器局魁偉弓馬閒熟 任辰與閔公汝雲倡義同赴晉州 公爲副將入城死守 受圍八日閔公中矢已死 公代領其兵與崔慶會合陳督戰 氣盡手折遇害于賊 贈軍器寺主簿 子昌文搜公屍歸葬 南原之役昌文欲復讐 率家僮數十 哭辭廟訣其母赴賊而死 母洪氏妻鄭氏聞其死 幻着男服赴南原俱死於賊 子夢台生纔一歲 臨行婢莫禮以養兒繼嗣之意 諺書遺其子

민여운閔汝雲의 자는 용종龍從이다. 본관은 여흥으로 찬성을 지낸 제인齊仁의 손자이다. 기절氣節이 강개하고 지략이 뛰어났으며, 음서蔭敍로 두 고을의 현령을 지내면서 치적을 남겼다. 같은 고을의 정윤근과 더불어 향병鄕兵 2백여 명을 모집하고, 도내에 격문을 보내서 군량를 모으고 규율을 만들어서 의병대를 일으키니, 병사들이 공을 대장으로 정윤근鄭允謹을 부장으로 추대하였다. 공은 등단하여 삽혈동맹[피를 같이 나누어 마시면서 같이 맹세함]을 하고는. 웅자熊字를 군표軍標로 삼고 스스로 비의장飛義將이라 불렀다. 병사들을 거느리고 팔랑치八狼峙를 넘어서

함안咸安에 있는 고을에 도착하여, 적을 만날 때마다 반드시 무찌르고 수없이 죽이고 잡아들였다.

계사년癸巳年 6월 적의 큰 부대가 진주성을 에워쌌을 적에, 공은 손가락을 베어 혈서를 쓰고 다 함께 죽자고 맹세하며 장사병을 격려하니, 병사들이 모두 죽음을 각오하였다. 창의사 김천일, 복수장 고종후, 경상병사 최경회, 충청병사 황진, 표의장 심우신과 같이 진주성에 들어가서 성을 지킨 지 7일째 되는 날, 병사들이 많이 죽고 잡혀가서 싸움을 독려할 상황이 아니었다. 몸에는 10여 군데 창상을 입었고 왼손은 끊어지고 오른손을 부러졌는데, 홀연히 날아 온 적의 화살을 맞고 죽었다. 정윤근이 대신 병사들을 거느리고 (민여운의) 시신을 수습하여 정씨의 선산에 장사를 지냈다. 좌승지로 증직되고 선무원종훈宣武原從勳에 책록되었다고 들었다. 가노家奴 추동秋同 또한 용감하고 건장하였으며 활을 잘 쏘았다. 공과 같이 진주성에 들어가서 적장 2명을 쏘아 죽이고, 역시 적에게 죽임을 당하였다.

정윤근鄭允謹은 자가 중흠仲欽이요, 본관은 경주로써 월성군月城君 종철宗哲의 후예이다. 그릇이 크고 활과 말을 잘 다루었다. 임진년에 민여운과 더불어 의병을 일으켜서 진주에 같이 다다랐다. 공은 부장으로써 성에 들어가서 죽음을 다해 지켰다. 성이 포위된 지 8일째 되는 날 민여운이 활을 맞아 죽자, 대신 그 병사들을 거느리고 최경회와 합진하여 싸움을 독려하였다. 기운이 다하고 손이 부러진 상태에서 적을 만나 죽었다. 군기시 주부軍器寺主簿로 증직贈職되었다. 아들 창문昌文은 공의 시신을 거두어서 장사를 지냈다. 남원에서 싸움이 벌어지자 창문은 원수를 갚고자 가동家僮 수십 명을 거느리고, 사당에 울면서 말씀을 올리고, 그 어머니를 이별하고 적에게 이르러 죽었다. 어머니 홍씨와 처 정씨는 그가 죽었다는 소식을 듣고, 남자의 복장으로 변신하여 입고, 남원에 가서 적에 가 함께 죽었다. 아들 몽태夢台는 겨우 한 살이었는데, 남원에 갈 적에 여종 막례莫禮에게 길러서 가문을 잇도록 하고, 그 뜻을 언서諺書로 써서 그의 아들에게 남겼다.

12) 『김천시사金泉市史』(1999) 및

『디지털향토문화대전』(김천시) '석현전투石峴戰鬪' 기록

개요 : 임진왜란 때 김천시 구성면 상좌원리 돌고개[석현]에서 벌어진 김천의 대표적 전투.

개설 : 이 석현전투로 인해 고개는 돌모리로 불리게 되었으며 면 이름도 석현면으로 불리게 되었다. 석현[돌고개]은 조선 시대에는 김산군, 지례현의 접경을 이루었다. 조선 시대에는 지례현 하북면에 속한 상좌원리는 1914년 석현면에 편입되어 상좌원과 도동, 원앞을 통합하여 하원리가 되었다. 구미의 석현면 면청사가 유실되어 석현 과곡면과 합하여 지례현의 옛 이름인 구성면이라 하였다. 지금도 석현 산마루에 돌무덤이 묻혀 있다.

역사적 배경 : 경상도 지역을 장악한 왜장 모리 데루모토[毛利輝元]는 개령현에 주둔하여 왜군 후방 사령부를 설치하여 경상도 일원의 치안을 담당하면서 군정을 실시하였다. 당시 개령의 주둔 왜병은 3만~4만 명으로 추산되었다. 이에 인근의 의병 군진이 호남의 일부 의병군과 합동 작전을 통해 왜군 후방 사령부를 토멸하려고 하였다. 김면金沔 의병 대장을 주축으로 한 2,000명의 병역은 상좌원에 포진하고, 의병장 최경회崔慶會와 **의병장 민여운**閔汝雲 예하 1,000여 명은 웅현[거창군]을 경유하여 개령으로 집결하고, 지례에 있는 의병과 경상도의 승병은 남쪽을 돌아 개령으로 진군토록 하였다. 호서의 의병군은 우치현[우두령]에서 왜의 내원군을 막는 한편, 상주의 의병군은 상주 통로를 막는 가운데 김면의 본진군이 개령 왜군 사령부 동쪽 산에 숨어 올라가 횃불로 신호하면 김함·정유회·김몽린의 군병과 좌우 돌격장의 병졸이 일시에 공격한다는 작전 계획을 세웠다. 11월 25일 날이 밝자 개령의 왜군이 먼저 거창을 향해 진군한다는 첩보를 접하고 이곳을 먼저 공격하기로 하고, 돌고개, 즉 석현石峴의 산 위에 매복하여 접근하는 왜군을 공격하여 석현전투가 벌어지게 되었다.

경과 : 석현의 산 위에 매복한 의병군은 미리 쌓아 두었던 돌을 산 아래 왜군에게

투척하고 활을 쏘았다. 이 전투는 쌍방 간 진격과 후퇴가 세 번이나 거듭될 정도로 격렬하게 벌어졌는데, 결국 왜군이 물러남으로써 끝이 났다. 석현의 전투에서 계원장 김충민과 함양의 정병 최운의 노비 억복이 말탄 왜장을 사살하는 전과를 올렸다. 아군의 경우도 군관 유사홍이 전사하고, 장암 의병장 권응성權應聖이 전사한 것으로 전해진다.

13) 『정읍의병사』(2006)의 기록

본관 여흥驪興. 자 용종龍從. 봉사奉事 은관恩寬[13]의 아들. 음사蔭仕로 벼슬이 사복시첨정司僕寺僉正 용담현령龍潭縣令에 이르렀다. 1592년(선조 25) 임진왜란에 정윤근鄭允謹과 의병 이백여 명을 거느리고 각 고을을 돌아 군량軍糧과 군기軍器를 모으고 군오軍伍를 정했는데 의병대장義兵大將으로 추대되고 정윤근은 부장副將이 되었다. 웅자熊字를 군표軍標로 정하고 스스로 비의장飛義將이라 했다. 의병을 이끌고 팔량치八良峙를 넘어 함안咸安 등지로 들어가 많은 전과를 거두었다.

다음 해 6월에 왜군이 진주성晉州城을 포위하고 있었다. 이때 민여운은 2백여 명의 의병을 거느리고 있었는데 동생공사同生共死를 혈서血書로 맹세하고 김천일金千鎰 고종후高從厚(고경명의 아들) 최경회崔慶會(경상병사) 황진黃進(충청병사) 심우신深友信(표의장彪義將深) 등과 진주성으로 들어가 접전 7일에 많은 전과를 올리고 10여 군데의 창상創傷을 입고 손이 부러져 있는데도 독전督戰을 하다가 적의 화살에 맞아 전사하니 정윤근이 대장이 되어 독전했다. 용맹했던 종[奴] 추동秋同이 함께 전사했다.

뒤에 선무원종훈宣武原從勳에 표하고, 통정대부通政大夫 승정원 좌승지承政院左承旨에 증직되고 1858년(철종 9) 이조참판吏曹參判에 가증加增되었다.

참고자료 : 호남절의록, 정읍군사, 여흥민씨족보[14]

---

13 '사관(思寬)'의 잘못 표기로 보임.

3. 조사된 자료들을 통해 본 정읍 의병장 민여운 선생의 삶과 업적

1) 의병장 민여운의 삶

가문 및 인품 : 민여운의 본관은 여흥, 문인공文仁公 영모令謨의 후예이자, 성균관전적 민구손閔龜孫의 증손자, 찬성 벼슬을 지낸 민제인閔齊仁의 손자. 봉사奉事 벼슬을 지낸 민사관閔思寬의 아들로 태어났다. 일재 이항의 문인이라고도 하나 미상이다.

앞의 『임계기사壬癸記事』의 「태인泰仁 민의병閔義兵의 군량 권유문軍糧勸諭文」 기록의 "전전 용담현령龍潭縣令 민공 여운閔公汝雲은 인덕仁德이 있는 장수입니다. 그의 뛰어난 계책과 충성스러운 전략은 호남에서 특출났습니다. 회흘回紇을 복종시켰던 곽분양郭汾陽과 격문檄文으로 황소黃巢를 달아나게 했던 최치원崔致遠을 오늘날에서도 이로 볼 수 있을 것입니다."라는 구절을 보면, 민여운 선생의 인품은 "인덕仁德이 있고 계책이 뛰어난 충성스런 전략을 갖춘, 호남에서 특출난 사람"으로 기술되어 있음을 알 수 있다. 『호남절의록』·『태인삼강록』 등의, "불의를 보고 참지 못하며 절개가 있고 지략이 뛰어나며"란 언급도 그의 이러한 인품과 지략을 엿보게 하는 기록들이다.

출생시기 : 최현식의 『정읍의병사』(정읍문화원, 2006)의 정윤근鄭允謹 항목에 보면, 정윤근의 출생 연대는 1539년(중종 25)으로 기록되어 있고, 이런 기록이 참고한 책자로는 『호남절의록』, 『호남지』, 『정읍시사』로 되어 있다. 그런데, 정윤근은 바로 민여운과 '동향인'으로 그와 함께 태인에서 의병 거병을 하여고, 민여운이 의병장, 정윤근이 그 아래 부장副將을 한 것으로 보아, 둘 사이의 나이

---

14 최현식, 『정읍의병사』, 정읍문화원, 2006, 56~57쪽.

차는 그다지 크지 않았을 것으로 보인다. 이런 점을 고려해 본다면, 민여운의 출생도 대체로 1539년(중종 25)을 전후한 시기였을 것이고, 자신이 의병대장을 하고 동향인 정윤근이 부장副將을 한 것으로 보아, 정윤근보다는 나이가 더 많았을 가능성이 높다.

출생지 : 앞의『태인삼강록』기록에 의하면, "같은 고을의 정윤근과 더불어 향병 이백여 명을 모집하고與同縣鄭允謹 募得鄕兵二百餘人"라는 말, 그리고『정읍의병사』의 '(정윤근이) 동향의 민여운과 창의하고'란 기록[15] 등으로 보아, '태인 고현내古縣內' 곧 지금의 칠보 혹은 산외면 정량리 원정 마을 출신으로 보인다.[16] 어쨌든, 그의 출생지는 지금의 정읍시 칠보면·산외면 어름인 것으로 추정된다.

성장 : 그의 성장에 관해서는 알려진 바가 없으나, '태인 고현내古縣內 출신' 정윤근鄭允謹과 같은 고을[同縣] 출신이란 말로 보아, 아마도 '태인 고현내' 인근에서 성장한 것으로 보인다. 이에 관해서는 아직도 좀 더 자세한 조사 연구가 필요한 상태이다.

벼슬 : 앞의 기록들에 의히면, 그는 음사蔭仕/음직蔭職으로 벼슬길에 나아가, 종사품 경관직인 사복시첨정司僕寺僉正, 그리고 용담현령 등 두 고을의 현령직을 역임하였다.

교우관계 : 민여운의 교우관계에서 빼놓을 수 없는 것은 삼계三溪 최경회

---

15 앞의 책, 73쪽.
16 송재옥·유종국 외,「우리 마을의 인물」,『산자수려한 충의의 고장 산외』, 정읍: 모아디자인, 2015, 156~212쪽; 김익두·허정주,『샘고을[井邑] 원정(元貞) 마을: 원형이정(元亨利貞)을 갖춘 생태 민속 마을』, 서울: 광대와바다, 2019, 301~303쪽.

(1532/중종 27~1593/선조 26)와의 관계이다. 최경회는 벼슬을 성균관전적을 시작으로 해서 사헌부감찰 · 형조좌랑에 이어, 옥구 · 장수 · 무장의 현감을 역임하였다. 후처인 논개는, 최경회가 장수현감을 할 때, 논개의 숙부가 논개를 민며느리로 팔아버린 것을 논개의 어머니가 다시 찾아온 송사를 통해 알게 되었으며, 이들 모녀가 거처할 곳이 없음을 말하자, 이들을 관청에서 지내게 배려하면서 알게 되었다.[17] 이후 무장현감으로 임명될 때 이들을 데리고 갔다. 그는 이어 영암군수와 영해 · 담양부사를 역임하였다. 그 후에 벼슬 임기 중인 1590년 모친이 서거하자 상을 치르기 위해 고향인 전남 화순으로 돌아갔다가 임진왜란이 발발하자 의병 활동에 뛰어들었다.

최경회와 민여운의 교우관계에 관한 직접적인 사료는 발견할 수 없으나, 앞의 기록들에서 발견되는 다음과 같은 몇 가지 사실들을 통해서 이 두 사람의 밀접한 관계가 어느 정도 유추된다.

첫째, 민여운이 용담현령을 지낼 때(1578/선조 11~1580/선조 13),[18] 최경회가 그 바로 인근인 장수현감으로 재직한 것으로 보인다.

둘째, 앞의 『임계기사』에 보면, 태인에서 안의 · 손홍록이 모취한 군량과 병력들을 최경회와 민여운에게 함께 제공하였다는 기록이 보이는데, 이것은 태인과 민여운 및 최경회의 긴밀한 관계를 암시해 주며, 이에 따라 민여운과 최경회의 긴밀한 관계도 암시한다.

셋째, 앞의 기록 중 '석현전투' 기록에 보면, 이 전투에 민여운과 최경회가 함께 참전하고 있다는 점도 둘 사이의 긴밀한 관계를 말해준다.

넷째, 이 둘은 마지막 전투인 진주성 2차전투에서도 민여운 부대의 장수 민여운이 전사하자, 그의 부장 정윤근은 나머지 병력을 이끌고 최경회 진영과 합진을 하게 된다.

---

[17] 『위키백과』, '최경회' 조 참조.
[18] 『진안군지』 참조.

다섯째, 최경회의 둘째 부인이 민여운의 집안과 본관이 같은 여흥민씨이다.[19]

의병활동 : 앞의 민여운 관련 자료들을 종합해 보면, 민여운 선생은, 태인 거병 → 남원 → 운봉 → 팔랑치 → 함양 → 거창 → 성주·지례 → 김천 개령 → 김천 석현 → 함안 → 진주성 등의 순서로 의병 활동의 행로가 이어진 것으로 보인다. 그러나 이에 관한 고증은 아직 추정 단계에 있는 부분들이 있는 상태이므로, 앞으로 이에 관한 사학계의 좀 더 구체적인 연구가 이루어지길 기대한다.

① **거병 시기** : 우선, 앞의 유팽로柳彭老 『월파집月坡集』(1647) 제3권 임진년 기록에 "(임진년, 1592) 6월 12일庚子. (유팽로가) 진군進軍하여 태인泰仁에 당도하였다. 이 고을의 전 현령 민여운이 정윤근과 더불어 향병鄕兵을 모집하여 왔다."라는 기록으로 보아, 민여운이 태인에서 의병을 거병한 시기는 이 시기를 전후한 시기가 될 것으로 추정된다.

② **출발과 1차 이동** : 앞의 『호남절의록』 및 『태인삼강록』에 의하면 태인에서 거병한 다음에는, "팔랑치八狼峙를 넘어서 함안咸安에 있는 고을에 도착하여"라는 말로 보아, 그는 일단 팔랑치를 넘어 경상도 쪽으로 나아간 것이 분명하다. 그리고 팔랑치는 남원에 있고 남원에서 팔랑치를 넘어 경상도로 갈 때 처음 닿는 곳은 **함양** 고을이므로, 일단 팔랑치를 넘은 다음에는 함양을 거쳐야 했다.

③ **2차 이동** : 그 다음, 『김천시사』에 의하면, "의병장 최경회崔慶會와 **의병장 민여운**閔汝雲 예하 1,000여 명은 웅현[거창군]을 경유하여 개령으로 집결하고"라는 언급으로 보아, 민여운은 김천시의 개령면으로 가야 했기 때문에, 이쪽으

---

19 민여운 후손 민득기씨 제보. 민득기씨는 '석현전투' 이후 마지막 진주성에 입성하기까지 5개월 동안(임진년 12월~ 계사년 5월) 민여운의 구체적인 전적이 드러나지 않고 있는데, 이러한 이 둘 사이의 돈독한 관계로 비추어 볼 때, 민여운은 이 기간 동안의 의병 활동에서 최경회와 내지는 합동 작전을 전개했을 가능성이 높다고 보고 있다.

로 가기 위해서는 일단 함양에서 **거창**으로 가야만 했다.

④ **3차 이동** : 그 다음에는, 『학봉일고鶴峯逸稿』(1649)의 "전 주부主簿 **민여운**閔汝雲도 태인泰仁으로부터 와서 비록 진주의 싸움에는 미처 참가하지 못하였지만, 인하여 **성주**星州와 **지례**知禮의 경계에 머물러 있으면서, 본도의 의병대장 김면金沔, 정인홍鄭仁弘 등과 힘을 합하여 왜적을 토벌하였는데, 여러 번 접전하여 적병을 죽인 것이 매우 많았습니다. 이에 왜적들의 기세가 자못 꺾어져서 숨어만 있고 나오지 못하고 있는바, 온 도의 사람들이 바야흐로 중하게 의지하여 함께 앞뒤에서 협격하는 형세를 이루게 되었습니다."라는 기록, 그리고 『일성록日省錄』(1799)의 "**민여운**閔汝雲과 최경회崔慶會는 호남의 의병장이고, 한명윤과 박이룡은 호서의 의병장이다. 함께 우지령牛旨嶺 아래 진을 치고 김산金山과 **지례**知禮에 남아 주둔하고 있던 적을 막았는데, 호령이 엄숙하였고 군대의 위용이 매우 장엄하였다."라는 기록으로 보아, 민여운 의병부대는 거창을 거친 다음에는 **성주**와 **지례**에 도달했음을 알 수 있다.

⑤ **4차 이동** : 그런 다음, 앞의 『김천시사』의 기록, 곧 "의병장 최경회崔慶會와 의병장 민여운閔汝雲 예하 1,000여 명은 웅현[거창군]을 경유하여 **개령**으로 집결하고"라는 언급으로 보아, 민여운 부대는 거창→지례를 거쳐 김천의 **개령**으로 나아갔음을 확인할 수가 있다.

⑥ **5차 이동** : 그런 다음에는, 앞의 『김천시사』의 기록인 11월 25일 날이 밝자 개령의 왜군이 먼저 거창을 향해 진군한다는 첩보를 접하고 이곳을 먼저 공격하기로 하고, 돌고개, 즉 석현石峴의 산 위에 매복하여 접근하는 왜군을 공격하여 석현전투가 벌어지게 되었다."라는 기록으로 보아, 민여운 부대는 김천의 '돌고개' 곧 **석현**石峴으로 나아갔음을 알 수 있다.

⑦ **6차 이동** : 그런 다음에, 민여운 부대는 **함안**으로 나아갔다. 기록상으로 민여운 부대가 마지막으로 도착한 곳은 진주성인데, 다른 기록인 『호남절의록』 및 『태인삼강록』 등의 기록인, "병사들을 거느리고 팔랑치八狼峙를 넘어서 함안咸安에 있는 고을에 도착하여, 적을 만날 때마다 반드시 무찌르고 수없이

죽이고 잡아들였다."라는 기록에 의하면, 함안으로 갔음이 분명하므로, 김천의 석현전투를 성공한 다음에는 함안으로 나아갔음을 알 수 있다. 왜냐하면, 김천 석현에서 그 다음 전투지인 진주성으로 나아가기 위해서는 반드시 함안을 지나지 않을 수 없기 때문이다. 그러나, 이 문제는 좀 더 세심한 논구가 필요하다고 본다.

⑧ **7차 이동 및 최종 전투지 진주성 2차 전투** : 마지막으로, 민여운 선생 의병부대는 1593년 계사년癸巳年 6월 24일, 함안을 거쳐 마침내 최종 전투지인 진주성에 도착하여 끝까지 항전하다 순절하였다.

(2) 의병장 민여운의 의병활동 업적 및 추증

이상에서 살펴본 민여운 선생의 삶과 활동을 종합해 볼 때, 그는 우리나라 의병사에서 대체로 다음과 같은 업적을 이룩한 것으로 판단된다.

첫째, 1592년 임진년 6월을 전후한 시기에 정읍 '태인 고현내'를 중심으로 하여, 정읍지역 주민들이 주동이 된 의병부대를 조직하였다. 이 점은 이 부대가 '임진왜란 정읍 대표 의병부대'로서의 한 면모를 보여주는 것이다.

둘째, 그 의병부대의 대원 수는 모든 기록 자료에서 200명 이상으로 기록되어 있으며, 이 숫자는 거의 모든 기록에서 동일하기 때문에, 이 의병부대는 그 조직 거병 이후 끝날 때까지 그 대오가 흐트러지지 않는 매우 강력한 의병부대 조직이었음을 짐작할 수 있다. 이 점도 이 부대가 임란시 대표적인 정읍의 의병부대로서의 면모를 보여주는 것이다.

셋째, 역사 기록에 기록된 첫 번째 혁혁한 전투 전공은 최경회 의병부대와 함께 참여한 김천 석현전투이며, 이 전투에서 왜군을 물러나게 하는 전과를 올렸다.

넷째, 이 석현전투 이후 민여운 의병부대는 다시 함안 쪽으로 이동하여, 적을 만날 때마다 수없이 무찌르고 죽이고 잡아들이는 전과를 올렸다. 이는 앞의 『호남절의록』 및 『태인삼강록』의, "함안咸安에 있는 고을에 도착하여,

적을 만날 때마다 반드시 무찌르고 수없이 죽이고 잡아들였다."라는 기록으로 짐작할 수 있다.

다섯째, 마지막으로, 1593년 계사년癸巳年 6월 24일 마침내 최종 전투지인 진주로 가서, 손가락을 베어 혈서를 쓰고 다 함께 죽자고 맹세하며 장사병을 격려하며, 창의사 김천일, 복수장 고종후, 경상병사 최경회, 충청병사 황진, 표의장 심우신과 같이 진주성에 들어가, 최경회 부대와 합세하며 성이 함락될 때까지 끝까지 싸우다가, 7일째 되는 날 전사하였으며, 그의 부장 정윤근에 의해 정윤근의 선산인 정읍시 산외면 정량리 인근 선산에 안장되었다.

여섯째, 서거 후에는 선무원종훈宣武原從勳에 표하고, 통정대부通政大夫 승정원 좌승지承政院左承旨에 증직되었으며, 1858년(철종 9) 이조참판吏曹參判에 가증加增되었다.

4. 결어 : '정읍학'의 입장에서 보는 민여운

최현식의 『정읍의병사』(2006)에 의하면, 임진왜란/정유재란 당시 정읍의 병사에 빛나는 인물들로는, 앞서 서언에서 언급한 바와 같이, 총 52명(송상현, 신호, 김제민, 백광언, 류희진, 이경주, **민여운**, 전덕린, 이경국, 류경인, 류준필, 이대축, 이환, 이허량, 권극평, 안의, 허상징, 김진태, 김신문, 정윤근, 김흔, 김안, 류윤근, 류희사, 이안국, 희묵, 손승경, 하광수, 최준, 김명, 김의립, 이시화, 송인신, 손오상, 류희문, 임희건, 안량우, 손홍록, 김대립, 김후진, 이수일, 김복억, 송지순, 김엽, 류극인, 김지백, 최안, 최경행, 송창, 정염, 이영국, 이원신)의 의병 및 절의 인물들이 기록되어 있다.

이분들의 활동을 종합해 보면, 다음과 같다.

동래부사 송상현(순절), 남원 교룡산성 수어장 신호(순절), 웅치전투 김제민,

전 현령 용인전투 백광언(순절), 직산 및 남나령 전투 류희진(순절), 김제민 부장 웅치전투 이경주(순절), 석현·함안·진주성 전투 민여운(순절), 용인전투 이광군 대 전덕린(순절), 입암산성 전투 이경국(순절), 솔치전투 류경인(순절), 정유재란 거주지 인근 한마교 전투 류준필(순절), 이순신 수군 정유재란 몰고개/사현 전투 이환(순절), 정유재란 사현/몰고개 전투 이허량(순절), 진주성2차전투 권극평, 왕조실록 및 어진 보존 안의, 김제민 부대 선봉장 허상징(순절), 웅치전투 김진태(순절), 금산전투 고경명 부대 김신문(순절), 민여운 부대 부장 정윤근(순절), 웅치전투 및 권률 행주산성 싸움 김흔, 웅치전투 김안(순절), 류윤근, 승부리 전투 전사 류희사(순절). 정유재란 입암산성전투 이안국(순절), 정유재란 내장산전투 희묵(순절), 경기도 양성전투 손승경(순절), 금산전투 하광수(순절), 변사정 부선봉장 정유재란 교룡산성 전투 최준(순절), 정유재란 문경새재전투 김명(순절), 정유재란 문경새전투 김의립(순절), 정유재란 부안 호벌치전투 이시화(순절), 임란 부자창의 송인신(순절), 임란 조헌부대 금산전투 손오상(순절), 정유재란 마을 인근 남라령전투 유희문(순절), 정유재란 노령전투 임희건(순절), 임란 진안 사랑목전투 안량우(순절), 실록 및 어진 보존 손홍록, 임란 남문창의 가담 김대립, 임란 남문창의 가담 김후진, 임란 남문차의 가담 이수일, 임란 군량 조달 김복억, 임란 군량조달 송지순, 임란 김제민군 군량조달 김엽, 정유재란 유극인, 임란 군량 조달 김지백, 정유재란 군량 조달 최안, 군량 조달 최경행, 군량조달 송창, 군량조달 정엽, 정유재란 입암산성 전투 이영국, 임란 전공 이원신[20]

이상을 종합 검토해 보면, 이 임진왜란 및 정유재란 당시에 활동한 정읍의 순절 벼슬아치 및 의병들의 업적들은 다음 몇 가지로 나누어 정리할 수 있다. 첫째, 오봉 김제민 등과 같이 여러 전투에 참가하여 전공을 세운 분도 계신다.

---

20 최현식, 앞의 책, 30~104쪽.

둘째, 대부분은 어떤 하나의 전투에 참여하여 순절한 분들이 거의 대부분이다.

셋째, 의병 전투에는 직접 참여하지 않고 의병 모집 및 군량 조달에 힘쓴 분들도 다수 있다.

넷째, 장기간에 걸쳐 지속적으로 일정한 숫자의 의병부대를 존속시키면서 전투 현장에서 전투를 계속한 의병부대는 극히 드물다.

이상의 분석 결과들을 놓고 볼 때, 우리는 정읍 의병장 민여운 선생의 정읍의병사적 의의와 가치를 다음과 같이 부여할 수 있다.

첫째, 정읍 의병장 민여운 선생은 정읍지역 주민들로 구성된 의병부대를 조직하여 임진왜란에 출정하였다.

둘째, 정읍 출신 의병부대 중에서 가장 많은 대원들, 적어도 200여 명 이상의 의병부대 군사들을 2년에 걸쳐도 일정하게 지속적으로 유지하면서, 전쟁을 치러 나아갔다. 이것은 그만큼 이 의병부대의 단합 능력과 전투 능력 등이 탁월하였음을 말해주고 있다.

셋째, 정읍 출신은 물론이고 임란 의병사 전체를 놓고 볼 때에도, 그 사례를 찾아보기 어려울 정도로 장기간[적어도 2년 정도]에 걸쳐서 전투를 지속적으로 계속해 나아갔다.

넷째, 그 확인되는 전공 면에서도 정읍지역 임난 의병부대 중에서 가장 광범위한 지역에 걸쳐서(김천 석현·함안·진주성 등) 다양한 전공을 세운 것으로 파악된다.

다섯째, 이러한 여러 긍정적인 측면들을 종합해 볼 때, 앞으로 정읍 의병장 민여운 선생과 그의 의병부대의 의병활동은 우리나라 의병사적으로 좀 더 비중 있는 가치평가와 의미 부여가 이루어져야만 할 것으로 판단된다.

제 4 장
유족의 입장에서 본 민여운 의병대

민득기
전 전라북도 교육청 사무관, 민여운선생선양회

1. 서언 : 창의와 후원
2. 민여운 부대의 진군로 - 경상도를 향하여
3. 석현[돌고개] 전투
4. 진주성 싸움
5. 민여운과 정윤근
6. 결어

1. 서언 : 창의와 후원

1) 의병 창의 배경

임진왜란 당시에는, 한 마디로 말해서 나라가 무능하고 책임을 다하지 못해서 백성들이 스스로 일어날 수밖에 없었다.

200여년 계속된 평화로운 시대에 훈련된 군대도 없었고, 전쟁에 대한 의식도 약했고, 전술전략을 가진 지휘관도 없는 상태에서, 분립된 군벌들이 지배하던 나라를 하나로 통일하는 과정에서 제대로 훈련되고 전술전략에 숙달된 왜적들이 들이닥치자, 맞서겠다고 나선 사람들도 우왕좌왕하고 혹자들은 미리 도망을 가기에 급급하게 되었다.

왜적들이 부산포에 들어온 것이 4월 13일인데, 파죽지세로 몰아붙여 18일 만에 도성 한양을 점령하기에 이르고, 나라를 지켜야 할 임금은 본인 하나 살자고 이보다 이틀 앞서 도성을 버리고 피난길에 오르게 된다.

당시 군대의 체제는 도성을 지키는 일부 수비대를 제외하고 지역 목민관을 지휘관으로 하는 병농통합체제로서, 평상시에는 일상생활을 유지하다가 유사시에만 소집하여 활동하는 지역예비군 또는 민방위대 정도의 기능밖에 하지 못했다.

강력한 군대를 유지하지 못하는 배경에는 명나라의 속국임을 자처하는 제후국 입장에서 변방에 강대한 제후국이 존재하는 것을 꺼리는 황제의 의중에 맞추고 대국 이외에는 의식할 만한 외적이 없으므로 나라의 방비를 대국에 의지하는 것이 합리적이라고 생각하는 사대적 사고가 저변에 깔려 있었다.

다급해지자 나라에서는 교서를 내려 향교 등을 방학케 하고 석전을 폐지하고 교훈에 참여하는 인원을 없애고 교노校奴를 관노官奴로 삼으며 유생儒生들을 군대에 보내기에 이른다.

이에 뜻있는 인사들이 백성들을 모아 스스로를 지역과 나나를 지키기에 이르는데, 이들을 일컬어 바로 의병이라 한다.

의병을 주도한 인사들은 대부분 전현직 목민관이거나 지역에서 덕망 있던 유생들로써 태인 고을에서는 민여운閔汝雲이 나서서 이 일을 하게 된다. 다음 자료들은 바로 이러한 당시의 상황을 입증해주는 자료들이다.

의병을 일으킨 장수들의 전직 현황

직책	성명	지역	전직	비 고
창의사	김천일	나주	수원부사	일제 이항의 문인
전라좌도의병대장	고경명	담양	동래부사	아들 종후, 재후와 함께 창의
전라우도의병장	최경회	화순	담양부사	형 경장과 창의, 경상병사로 특채
전라좌도의병장	임계영	보성	진보현감	
의병장	변사정	남원	경기전참봉	일제 이항의 문인
의병장(비의장)	민여운	태인	용담현령	
의병장(복수장)	고종후	담양	현령	고경명의 장자
경상의병도원수	김 면	고령	공조좌랑	석현전투에서 민여운과 함께 참여
경상좌도의병장	정인홍	합천	황간현감	남명 조식의 적통제자
의병장	조 헌	옥천	보은현감	금산전투의 전사, 성혼의 문인
의병장	박이룡	영동	능성현령	이이의 문인, 우지령(민여운 거론)
의병장	한명윤	영동	상주목사	우지령에서 민여운과 함께 진을 침

〈亂中雜錄〉

壬辰下 萬曆二十年我宣廟壬辰 二十五年

○ 敎八道放學。先是丙戌年間。

置提督于長官。使之巡督屬校。

日事修文。至是盡革敎訓之官。

廢春秋釋奠。驅儒徒編於行伍。

以校奴。爲官奴。

○ 8도에 교서를 내려 방학放學하게 하다. 이보다 먼저 병술년(1586, 선조 19)에 지방 장관 밑에 제독提督을 두어 부속된 향교를 순시하며 독려하여 날로 학문을 힘쓰게 하였더니, 이때에 이르러 교훈하는 관원을 모두 혁파하고 봄·가을의 석전釋奠을 폐하며, 유생을 몰아서 군대에 편입하고 교노校奴를 관노官奴로 삼다.

2) 창의倡義의 규모와 동지

이에 뜻있는 이들이 도처에서 일어나 동지들을 모으고 장비와 군량을 장만하여 왜적들에게 대항하게 되는데, 이때 전라도 태인 고을에서는 현령을 지낸 민여운閔汝雲이 고을의 유력가문 출신 정윤근鄭允謹과 더불어, 작금 나라가 당하고 있는 부끄러움을 씻고자 인근 고을에 격문을 돌려서 병사와 군량을 모으고 장비를 정비하여 의병을 일으킨다. 이렇게 하여 뜻을 같이 하는 동지들이 200여 명에 이르게 되는데, 동지들은 민여운을 대장으로 정윤근을 부장으로 추대한다.

대장으로 추대된 민여운은 단상에 올라 동지들과 삽혈동맹歃血同盟 하면서, 스스로를 비의장飛義將이라 칭하고, 웅熊자를 장표章表로 삼는다고 공표하여 부대의 창설을 한다. 다음은 이러한 사실을 알려주는 사료이다.

〈호남절의록〉 - 민여운 편

任辰與同縣鄭允謹募得鄉兵二百餘人

傳檄列邑聚糧餉治戒械

倡起義旅誓雪國恥

衆推公爲大將鄭允謹爲副將

公登壇歃血同盟

以熊字爲軍標自號飛義將

임진년에 같은 현에 사는 정윤근과 더불어 향병 2백여 명을 모집하고
고을마다 격문을 전하여 군량을 모으고 군율과 병기를 정비하여
나라의 수치를 씻고자 의병을 일으키니,
병사들은 공을 대장으로, 정윤근을 부장으로 추대하였다.
공은 단상에 올라 삽혈동맹(손가락을 베어 피를 흘려 모은 다음 나누어 마시는 의식맹세하는 의식)하고
웅熊자를 군표로 삼고 스스로 비의장이라 불렀다.

〈亂中雜錄〉-민여운 편
壬辰下 萬曆二十年我宣廟壬辰 二十五年
○ 泰仁前主簿閔汝雲。募聚鄉兵二百餘名。
　以熊字爲章標。治械備粮。向嶺南。

○ 태인泰仁의 전 주부 민여운閔汝雲이 향병 2백여 명을 모집하여
　웅熊 자로써 장표章標를 삼고, 기계를 마련하고 양식을 마련하여 영남으로 향
　하다.

3) 창의의 시기

　유팽로의 문집 『월파집月坡集』 3권에 의하면, 금산전투에 참가했다가 순사한 고경명의 부장 유팽로柳彭老가 금산전투 이전에 진군하여 태인을 지나다가 관사에서 하루를 유숙하였는데, 그때 민여운이 정윤근과 더불어 의병을 창의하고 인사를 왔다고 말하고 있다. 그 날짜가 6월 12일인 것으로 보아, 민여운 선생의 창의는 그 이전에는 이루어졌다고 할 것이다.
　다음은 이를 증명하는 사료이다.

『월파집』 제3권 -임진壬辰

○ 6월 12일(경자)

진군進軍하여 태인에 당도하였다.

이 고을의 전 현령 민여운이 정윤근과 더불어 향병鄕兵을 모집하여 왔다.

4) 창의의 장소

민여운의 창의 장소는 구체적으로 거론된 기록이 없다. 당시 태인 고을에서는 3가지 참전 경로가 있었다. 하나는 정읍현감으로 있으면서 태인현감을 겸하다가 7계급을 승차하여 수군 전라좌수사로 옮겨간 이순신을 따라 수군에 참여하는 경로였고, 다른 하나는 지금의 칠보에 해당하는 고현내 유력 가문의 인사들이 장성 남문에서 창의한 김경수, 이귀의 부대에 적극 참여하고, 이 부대를 통하여 서쪽으로 파천한 임금에게 태인 백산에서 배를 따고 식량 등을 직접 가지고 가는 경로, 그리고 나머지 하나의 경로는 곧 이 민여운의 의병대에 참여하는 경로였다.

따라서 민여운 의병대의 창의 장소는 현감을 따라 수군으로 대거 참여한 관아가 있는 읍치나 진상팀이 있었던 고현내는 아닌 것으로 보인다. 반면 창의에 중추적인 역할을 했던 부장 정윤근(정언충의 당질이자 문인, 『경주정씨 2천년사』 참고)의 생거지가 산외 일면면 원정 마을이었고, 훗날 민여운의 유족들이 산외 일번면 능암 마을을 세거지로 삼았으며, 민여운 의병대를 적극 후원한 묵제 안의安義의 기거지가 고개(빗재) 하나 너머의 동촌면 수암 마을인 것으로 보아, 창의의 중심지는 지금의 산외면이 아닌가 하는 생각을 해본다.

5) 의병대에 대한 후원

당시 전주사고의 『조선왕조실록』를 내장산으로 옮겨 지켜냈던 안의와 손홍록은 이 일을 하기 전에 의곡계운장義穀繼運將이라는 소임으로 의병들에 대한 군량을 수집하여 보급하는 역할을 하였다. 이들이 이 소임을 수행해 낸 기록이 어진과 사고를 지켜낸 수직 일지인『임계기사』에 상세히 나와 있으며, 이 책자의 뒷부분에는「태인민의병군량권유문泰仁閔義兵軍糧勸諭文」이라는 글이 실려 있고, 여기에는 이들이 거출한 군량 등과 본인들이 부담한 물량이 상세히 기록되어 있으며, 본인들이 나이가 들어 직접 출전하지 못함을 안타깝게 여기고(당시 안의는 64세, 손홍록은 56세임) 건장한 노복 8명을 군영에 보내는데, 고경명과 최경회 대장에게는 3명씩을 보내고 민여운 대장에게는 2명을 보냈다고 기록하고 있다.

따라서 이 고을에서 의병대에 대한 가장 큰 후원자는 안의와 손홍록이었다고 할 것이다.

● 태인민의병군량권유문泰仁閔義兵軍糧勸諭文 -『임계기사』에 수록

「태인에서 일어난 민여운 의병대를 위한 군량 모집 권유문」

都繼運將	도계운장인
泰仁幼學安義孫弘錄	태인에 사는 선비 안의와 손홍록은
痛哭渾淚 再拜	목놓아 소리쳐 울고 눈물을 흘리면서 두 번 절을 하고
謹告大小人員	삼가 높고 낮은 모든 백성(인원)들에게 다음과 같이 호소합니다. (말씀을 올립니다.)
伏惟	삼가 공손히 엎드려 생각하오니,
我朝禮儀之國	우리나라는 예의 바르고 의리있는 나라로써
主上 聖明之君也	주상 전하는 성스럽고 총명하신 군주이십니다.
是以德治一國	이 때문에 임금님의 성덕이 온 나라에 넘쳐나고
化及遠夷	멀리 있는 오랑캐 까지 영향을 미쳤습니다.
遠夷之國感而服之者	오랑캐의 나라에서 이를 감격하여 복종한 지

其來久矣	그 유래가 오래되었습니다.
不意今者咄咄倭賊	뜻하지 않게 지금 못된 왜적들이
乘我昇平日久	오랫동안 태평성대를 이루고
大小恬嬉	크고 작은 백성들이 평안히 여기는 틈을 타서
侵陵我郊畿	우리나라 경기도지역까지 침범하여
魚肉我生靈	우리 백성(생령)들을 도륙하였습니다.
	(물고기와 짐승고기로 만들었습니다.)
使二百年祖宗	200여년의 조종의
宗社盡蕩爲灰燼	종묘사직이 다 사라져 잿더미가 되게 하였고,
使我堯舜之聖主	우리의 요순임금 같이 성스러운 주상전하께서
播越於天西千里之外	하늘의 서쪽 천리 밖까지 도성을 벗어나
	피난하게 되었습니다.
嗚呼 爲臣民者	아, 신하와 백성된 자로써
孰不切齒腐心	누군들 절치부심하며
欲臠其肉哉	그 왜적을 죽이고자 하지 않겠습니까?
思之其罪	생각해 보면 왜적의 그 죄는
其罪不容誅	죽음으로써도 받아들이지 못할 것이니
曷勝痛哉	어찌 그 슬프고 가슴 아픔을 견디겠습니까?
孔子曰	공자님이 말씀하시기를
微管仲	'관중(管仲)이 아니었으면
吾其爲披髮左衽	우리는 머리를 풀고 옷깃을 왼편으로 하는
	오랑캐가 되었을 것이다'라고 하셨고,

孟子曰	맹자님이 말씀하시기를
夷狄不可與中國	"오랑캐는 중국에 함께 살 수 없다'고 하셨습니다.
況君父之讐	하물며, 임금님의 원수는
不可共戴一天也	같은 하늘 아래서 함께 살 수는 없으니,
則其可甘爲異類而同	그렇다면 기꺼이 오랑캐가 되어
處一國乎	한 나라에 함께 있어서야 되겠습니까?
嗚呼 値此危亂之日	아, 이러한 위급한 날을 당하여
孰能仗忠奮義以雪其恥	누가 능히 충성스럽고 의로움에 의지하여 떨쳐 일어나
以洗其辱乎	이 더럽게 욕됨을 씻을 수 있다는 말씀입니까?
前龍潭縣令 閔公汝雲	용담현령을 지낸 민여운은
有仁有德之將也	인자하고 덕스러운 장수입니다.
其雄謀忠略	그의 뛰어난 계책과 충성스러운 전략은
特出於湖南 特出於湖南	호남에서 특별하게 드러났습니다.
郭汾陽之受拜回紇	회흘回紇을 복종시켰던 곽분양郭汾陽과
	격문檄文(적을 설복시키는 글)으로
崔致遠之檄走黃巢	황소黃巢를 달아나게 했던 최치원崔致遠을
可復見於 今日矣	오늘날에서도 다시 볼 수 있을 것입니다.
其爲大將不	그는 대장이 되어
(落三四字_	(원문 글자 서너 자 빠짐)
與敵愾同志之士	적을 의롭게 분별하고 분개하는 마음을 가지고 같은 뜻을 가진 선비들과
倡義振旅人	주도적으로 의병을 일으키는 사람들이
皆影從而響	모두 그림자나 메아리 같이 따랐다.
(落三四字)	(서너 자 빠짐)

勢如破竹 談笑可擊	그 형세가 파죽지세로 몇 마디 주고 받는 사이에 적을 물리칠 수 있습니다.
第凶荒連年 軍	다만 연이은 흉년에 군사가
(落三四字)	(서너 자 빠짐)
嗟○難 可辦	마련하기 어렵습니다.
願有忠義慷慨之心者	원컨대, 충성스런 의리를 가진 정의감에 불타오르는 사람들은
毋惜數斛之穀 數疋之布	몇 곡의 곡식과 몇 필의 베를 아끼지 마시고
給我義兵 使之恢復	우리 의병에게 보내 국토를 회복하고
雪一國之恥	나라의 더럽게 욕됨을 씻으며
報君父之讐	임금님의 원수를 갚을 수 있도록 하신다면
千萬幸甚	천만 다행이겠습니다.

慷慨作詩三節 詩曰
정의감에 불타오르는 심정으로 지은 시(3절) - 시에서 말하기를

聖繼神承二百年	성군들이 나라를 이어온 지 이백여 년
那知金闕鎖腥烟	궁궐에 오랑캐 연기가 가득할 줄 어찌 알았으랴.
當時害物跳梁罪	그때 사람을 해치고 날뛰는 왜적의 죄를
直斬其頭祭彼天	곧장 머리를 베어 저 하늘에 제사를 지내리라.

孔曰成仁孟曰義	공자님은 살신성인을, 맹자님은 의리를 말씀하셨지.
臣民當死爲吾君	신하와 백성들은 당장 임금님을 위해서 죽어야 하리니
臨危財寶何須惜	위태로움 때를 당하여 재물과 보화를 어찌 아끼리오.
恢復如今在義軍	지금 국가를 회복하는 것은 의병에 달렸다네.

美人何處彼西方	아름다운 님이시여, 어찌 저 서쪽에 계시나이까?
遙望天涯淚自滂	멀리 하늘가를 바라보니 눈물이 평평 쏟아지는구나.
一倡義兵能雪恥	의병을 한번 일으키면 치욕을 씻을 수 있으리니
願君毋惜數升粮	원컨대 그대들이여, 몇 되 양식을 아끼지 마소서.

2. 민여운 부대의 진군로 - 경상도를 향하여
(『학봉일기』·『호남절의록』·『태인삼강록』 등의 기록을 중심으로)

민여운 비의장의 의병대는 이 고을 태인에서 창의하여 군량과 기계를 마련한 다음, 지리산 팔랑치를 넘어 진주성 1차 전투에 참여하기 위해 가다가, 진주성 1차 전투가 일찍 끝나는 바람에 전투에 참여하지 못하고, 거창居昌·지례知禮·성주星州 등지에서 경상도·충청도 병력들과 합진하고, 때로는 독자적인 작전을 전개하면서, 수많은 전과를 거양하였다. 그러나 이후 안타깝게도 성에 있던 모든 군관민이 전몰한 진주성 2차 전투에 참여하기 위해 진주성에 들어가기 전까지는 함안 등지에서 작전을 폈다는 기록 외에는 찾을 길이 없다.

여기에서 최경회 장군과 민여운 장군의 특별한 인연에 대해서 주목할 바가 있다. 다음은 이와 관련된 기록들이다.

1)『호남절의록』등의 기록

『호남절의록』,『태인삼강록』 등 전투 현장과 거리가 멀었던 호남지역에서 발간된 서책에서는 민여운 의병대가 '지리산 팔랑치를 넘어 경상도에 들어가서 함안 등지에서 전적을 쌓았고, 진주성 2차 전투에서 김천일, 최경회, 황진, 고종후 등등의 제장들과 함께 참여하였다가, 입성한 모두가 함께 전몰하였다.'고만 기록하고 있다.

湖南節義錄 - 光州鄕校本

● 민여운閔汝雲

자字는 용종龍從이요, 본본은 여흥驪興이니,

문인공文仁公 영모令謨의 후후後요, 찬성贊成 제인濟仁의 손손孫으로 기절氣節이 강개慷慨하고 지략智略이 과인過人하였으며, 음사蔭仕로 용담현령龍潭縣令이 되어 크게 치적治績을 쌓았다.

임진壬辰에 동향인同鄕人 정윤근鄭允謹으로 더불어 향병鄕兵 이백여인二百餘人을 모득모득하여 열읍列邑에 격문檄文을 발發하여 군량軍糧과 병기兵器를 정비整備한 후後 사중士衆에 의依하여 대장大將으로 추대推戴되자 공공은 개연慨然 등단登壇하여 삽혈동맹歃血同盟하고 웅자熊字로 군표軍標를 하여 비의장飛義將이라 자호自號하고 팔랑치八狼峙를 넘어 함안 등지咸安等地에서 무수無數한 적적을 참살斬殺하였다.

계사癸巳 6월에 적장賊將 청정淸正이 전년前年의 진주晉州참패慘敗를 보복報復코자 합병合兵 수십만數十萬으로 진주晉州를 침공侵攻하려 하매, 공공은 휘하麾下 의사義士 삼백여인三百餘人과 혈서血書로써 순국殉國할 것을 맹세盟誓하고 창의사倡義使 김천일金千鎰, 복수장復讎將 고종후高從厚, 경상병사慶尙兵使 최경회崔慶會, 충청병사忠淸兵使 황진黃進, 표의장彪義將 심우신沈友信 등等 제공諸公으로 더불어 진주晉州에 입성入城하여 항전抗戰 칠일七日동안에 십여처十餘處의 창상槍傷을 입고 좌우左右 손가락이 다 절단切斷되었으되, 그 아픔을 잊고 더욱 독전督戰하다가 이십칠일二十七日 순성중巡城中 적의 유시流矢에 맞아 순국殉國하니 정윤근鄭允謹이 공공의 직직을 대섭代攝하고 공공(정윤근)의 자자 창문昌文으로 하여금 공공의 시체屍體를 수렴收斂하여 귀장歸葬케 하였다.

선무원종훈宣武原從勳에 녹록하고 이조참판吏曹參判을 증증贈하였다. 〈태인泰仁〉

泰仁三剛錄

閔汝雲字龍從	민여운의 자는 용종이다.
驪興人贊成齊仁孫	본관은 여흥으로 찬성을 지낸 제인의 손자이다.
慷慨有氣節志略過人	기절이 강개하고 지략이 뛰어났으며,
陰除二縣令皆有治績	음서로 두 고을의 현령을 지내면서 치적을 남겼다.
任辰與同縣鄭允謹募得鄉兵二百餘人	같은 고을의 정윤근과 향병 2백여 명을 모집하고
傳檄道內聚糧治戒倡起義旅	도내에 격문을 보내서 군량을 모으고 규율을 만들어서 의병대를 일으키니
衆推公爲大將鄭允謹爲副將	병사들이 공을 대장으로 정윤근을 부장으로 추대하였다.
公登壇歃血同盟誓	공은 등단하여 삽혈동맹(피를 같이 나누어 마시면서 같이 맹세함)하고는.
以熊字爲軍標自號飛義將	웅자를 군표로 삼고 스스로 비의장이라 불렀다.
率兵踰八狼峙至咸安所到邑	병사들을 거느리고 팔랑치를 넘어서 함안에 있는 고을에 도착하여
遇賊必克斬獲無數	적을 만날 때마다 반드시 무찌르고 수없이 죽이고 잡아들였다.
癸巳六月賊大至圍晋城時	계사년 6월 적의 큰 부대가 진주성에 에워쌌을 적에
公斫指血誓以同死仍檄勵壯士	공은 손가락을 베어 혈서를 쓰고 다 함

衆皆效死	께 죽자고 맹세하며 장사병을 격려하니 병사들이 모두 죽음을 각오하였다.
乃與倡義使金千鎰復讐將高從厚 慶尙兵使崔慶會 忠淸兵使黃進彪義將深友信同入晉城	창의사 김천일, 복수장 고종후, 경상병사 최경회 충청병사 황진, 표의장 심우신과 같이 진주성에 들어가서
固守七日	성을 지킨 지 7일째 되는 날
督戰不已斬獲甚衆	병사들이 많이 죽고 잡혀가서 싸움을 독려할 상황이 아니었다.
身被十餘創左手斷右手折	몸에는 10여 군데 창상을 입었고 왼손을 끊어지고 오른손을 부러졌는데
忽中賊矢而死	홀연히 날아 온 적의 화살을 맞고 죽었다.

2) 『학봉일고』 등의 기록

그러나 전투현장에 같이 있었던 이들의 문집 등에서는 민여운의 행적에 대한 새로운 기록들이 보인다.

경상도 지역의 모든 병권兵權을 조율하고 지원했던 초유사 학봉 김성일金誠一은 그의 문집에서 '전 주부主簿 민여운閔汝雲도 태인泰仁으로부터 와서 비록 진주의 싸움에는 미처 참가하지 못하였지만, 인하여 성주星州와 지례知禮의 경계에 머물러 있으면서 본도의 의병대장 김면金沔, 정인홍鄭仁弘 등과 힘을 합하여 왜적을 토벌하였는데, 여러 번 접전하여 적병을 죽인 것이 매우 많았습니다. 이에 왜적들의 기세가 자못 꺾어져서 숨어만 있고 나오지 못하고 있는바, 온 도의 사람들이 바야흐로 중하게 의지하여 함께 앞뒤에서 협격하는 형세를 이루게 되었습니다.'라고 기록하고 있어 호남에서 간과하고 있던 민여운 의병대의 작전지역을 밝히고 있으며, 『일성록日省錄』에서는 이로의 일기를 빌어, '민여운과 최경회는 호남의 의병장이고, 한명윤과 박이룡은 호서의 의병장이다. 함께 우지령牛旨嶺 아래 진을 치고 김산(지금의 김천)과 지례에 남아 주둔하고 있던 적을 막았는데, 호령이 엄숙하였고, 군대의 위용이 장엄하였다.'라고 하여 거창과 무주와 지례의 경계선이었던 우지령을 거론하고 있다.

鶴峯逸稿 附錄 제3권
학봉김문충공사료초존鶴峯金文忠公史料鈔存 하 『난중잡록亂中雜錄』

선조 26년 계사(1593) 1월 8일에 경상우도 순찰사 김성일이 장계하기를,

"지난해 12월에 진주성이 장차 함락되려고 할 때, 신이 장악원 첨정掌樂院僉正 조종도趙宗道와 공조 정랑工曹正郞 박성朴惺을 나누어 보내어

<u>호남의 좌도와 우도의 의병義兵에게 구원을 요청하였습니다.</u>

그러자 임계영任啓英, 최경회崔慶會 두 장수는 호남과 영남은 광대뼈와 잇몸이 서로 의지하는 것과 같은 형세가 있어서 존망과 성패가 매우 긴밀하다고 하면서 즉시 군사를 거느리고 서로 잇달아 달려와 응원하였습니다.

그리고 전 주부主簿 민여운閔汝雲도 태인泰仁으로부터 와서 비록 진주의 싸움에는 미처 참가하지 못하였지만, 인하여 성주星州와 지례知禮의 경계에 머물러 있으면서 본도의 의병대장 김면金沔, 정인홍鄭仁弘 등과 힘을 합하여 왜적을 토벌하였는데, 여러 번 접전하여 적병을 죽인 것이 매우 많았습니다.

이에 왜적들의 기세가 자못 꺾여져서 숨어만 있고 나오지 못하고 있는바, 온 도의 사람들이 바야흐로 중하게 의지하여 함께 앞뒤에서 협격하는 형세를 이루게 되었습니다.

··· 후략 ···

日省錄 - 정조 23년 8월 22일

… 前略 …

云李魯日記	또 이로의 일기에
有曰閔汝雲崔慶會則湖南義兵將也	'민여운閔汝雲과 최경회崔慶會는 호남의 의병장이고
韓明胤朴以龍則湖西義兵將也	한명윤과 박이룡은 호서의 의병장이다.
同陣于牛旨嶺下	함께 우지령牛旨嶺 아래 진을 치고
以禦金山知禮留屯之賊	김산과 지례에 남아 주둔하고 있던 적을 막았는데,
號令嚴肅軍容克壯	호령이 엄숙하였고 군대의 위용이 매우 장엄하였다.'라고 하였습니다.

… 後略 …

3) 최경회와 민여운의 관계

　최경회 장군은 전라우도를 총괄하는 의병장으로써 의병을 총괄하는 지휘부 역할을 담당하고 있었을 뿐 아니라, 석현전투를 비롯한 무수한 전과를 거양하였고, 특히 경상도에 있는 일곱 개의 읍을 독자적인 작전을 통해서 수복하여 그 공로를 인정받아 경상우병사로 특별 임용된 뛰어난 장수이다.

　최경회는 민여운이 용담현령(1578~1580, 진안군지)으로 있을 무렵 인접 고을인 무장현(현재 장수군과 무주군 일부지역)에서 현감으로 재직하였다.

　또 최경회의 둘째 부인이 민여운과 같은 여흥민씨이다.

　그리고 태인 고을에서 안의와 손홍록이 모취한 군량과 병력을 최경회와 민여운에게 같이 세공했고, 석현전투에서도 민여운과 최경회는 같이 참여했으며, 전주성에서 민여운이 전사하자 부장인 정윤근이 병력을 이끌고 최경회 진영과 합진을 이루었다고 한다.

석현전투 이후 마지막 진주성에 입성하기까지 5개월 동안(임진년 12월~계사년 5월) 민여운의 구체적인 전적이 드러나지 않고 있는데, 앞서 거론한 바와 같이 돈독한 관계를 비추어 볼 때 민여운은 최경회와 합진 내지는 합동 작전을 전개했을 가능성이 높다 하겠다.

3. 석현[돌고개] 전투

1) 개황

석현石峴[돌고개] 전투에 관해서는 세상에 크게 알려진 바가 적다. 당시 경상도에 있는 왜적들은 후방사령부를 개령현(지금의 김천시 개령면)에 두고 군정과 치안을 담당하고 있었다. 경상도 의병 총사령관 김면 장군을 비롯한 경상도 관군, 의병, 승병과 호남의 민여운, 최경회 의병, 그리고 호서의 의병들이 합세하여 사방의 통로를 봉쇄한 가운데 왜적 사령부를 공격하여 섬멸한다는 계획을 세운다, 그러나 이러한 계획에 따라 병력을 재배치가 끝나기도 전에 왜적들이 먼저 병력을 이동하여 지례와 우두령을 거쳐 호남에 진출하려고 나섰다는 정보를 입수하고 김산군(지금의 김천시)과 지례현의 경계에 있는 석현이라는 산능성에서 전투가 벌어진다. 이에 아군들은 김면의 본진군과 거창에서 웅현을 거쳐 개령으로 진군하다가 전투현장인 상좌원에 머물던 호남 의병들이 전투에 참가하는데, 김면의 본진군은 2천명, 호남 의병은 1천명이라고 전하고 있다. 이때 호서 의병들은 우지령에 집결해 있었다.

2) 전투의 전개 상황

왜적들이 우지령을 거쳐서 전라도로 진출하려는 경로 중 김산군에서 지례현으로 가는 길목에 상좌원(지금의 김천시 구성면 소재지)이 있고, 이 상좌원 조금 못미처 석현(돌고개)이라는 작은 언덕이 있다.

갑자기 왜적들이 지례를 향해 오고 있다는 정보를 입수한 영호남 연합 의병과 고을 백성들은 남녀노소 할 것 없이 밤새워 감천甘川(황악산에서 지례를 향해 흐르는 강)에서 강돌을 주워 올려 산능성이에 쌓아두고 있다가 산기슭을 기어오르는 왜적들을 향해 화살과 함께 돌팔매질을 하여 저지하였다. 이렇게 세 번이나 거듭되는 공방전 끝에 싸움은 멈추었는데, 왜적과 아군 중 누구 먼저 물러났는지에 대해서는 의견이 분분하다. 이때 군관 유사홍과 의병장 권응성이 전사한 것으로 전해진다. 지금도 산등성이에 올라 호미로 땅을 걷어내면 주먹만한 강돌이 무수히 나온다. 돌무더기이다.

3) 민여운에 대한 기록

이 돌고개 전투는 전직공무원인 향토사학자에 이현돈 옹이 1983년 금릉군에서 발간한 『내고장 우리향토』라는 책자에서 처음 언급함으로써 부각되기 시작했다.

내고장 우리향토(금릉군, 1983, 161~162쪽)

7. 돌로 싸운 석현 싸움터

상좌원上佐院 전투는 지금의 구성면 하원리에서 구성중학교로 넘어가는 고개(돌고개:石峴)에서 벌어진 싸움이다.

임진왜란 때, 개령에 주둔하고 있는 왜적 대군을 토벌하기 위해 경상우도 의병도대장으로 임명된 송암 김면松庵 金沔의 지휘하에 근읍近邑 의병들로 하여금 개령 가까운 곳에 포진키로한 것이 12월 24일이었다. 이날 작전계획에 따라 호남 출신 의병대장 최경회崔慶會와 역시 호남에서 기병한 의병대장 첨정 민여운僉正 閔汝雲이 그 휘하 1천여 명을 거느리고 상좌원에 진을 쳤다, 다음 날 25일 새벽에는 김면 자신이 2천여명의 군사를 거느리고 거창에서 상좌원에 당도하니, 척후병의 연락이 와 김산金山(지금의 김천)으로부터 적군이 대거출동, 지례知禮 쪽으로 온다는 것이었다.

적군이 돌고개에 다다랐을 때 산에 숨어 있던 3천여 명의 군사가 일시에 활을 쏘고 군졸들이 밤새 산더미처럼 모아 두었던 돌을 던지면서 공격하였다. 이 싸움은 우리 군사가 세 번이나 진퇴를 거듭하다가 적군의 조총에 견딜 수 없어 후퇴하고 말았다. 이 싸움에서 유사홍은 말이 적탄을 맞고 쓰러져 그도 전사하였고, 의병대장 권응성도 전사했다. 유사홍은 변암복병장이었는데, 군기를 엄수하고 싸움마다 공이 컸다고 송암유고에는 적고 있다.

지금은 김삼도로(김천 삼천포간 도로)가 나서 고개는 모양이 달라졌으나 고갯마루에는 지금도 돌무덤이 남아 있다.

참고자료 : 송암실기, 임진왜란 전란사, 감호문집

화순에 있는 최경회의 사당에는 대표적인 전적화戰績畫로 이 석현전투 장면을 개시하고 있다. 이 최경회의 문집인 일휴당일기에는 민여운이 이 전투에 참여했다는 사실을 기록하고 있다.

〈일휴당실기日休堂實記〉- 최경회崔慶會

경상우순찰사(김성일)가 임금께 아뢰기를,

[지난 10월 5일 이곳이 곧 함락되려 할 때에 신臣이 장악원掌樂院 첨정僉正 조종도趙宗道와 공조정랑工曹正郎 박성朴惺을 전라도 의병에게 보내 구원해주기를 청했었습니다. 그랬더니 의병장(최경회)이 호남과 영남은 서로 의재해 도와야 할 형세이므로 죽든 살든 이기고 지거나를 막론하고 함께 해야 한다면서 즉시 군사를 보내 응원해 주었습니다.

또 전에 주부主簿를 지낸 민여운閔汝雲 역시 태인泰仁에서 와 본도 김면金沔, 정인홍鄭仁弘 등과 힘을 합쳐 적을 치니 고을 사람들이 거기를 의지하고 믿어서 거의 함께 전후에서 협공하는 형세를 이루었던 것입니다.

그런데 이제 호남 사람이 서울 근처에서 와,

[조정의 의논이 의병장을 불려다가 왕을 호위하게 하려 한다.] 하므로,

의병장이 그 기별을 듣고는 금방 서둘러 올라가려 하고 있습니다.]

… 후략 …

앞서 진군로에 대한 설명함과 같이 『학봉일고』나 『일성록』에서도 석현전투와 관련하여 민여운을 언급하고 있으며, 『난중잡록』에서도 의병대가 창의하여 경상도에 들어온 사실을 기록하고 있다.

4. 진주성 싸움

1) 개요

이순신에 의해서 해상이 봉쇄된 마당에 진주는 전국적인 식량기지인 호남으로 가는 관문이기 때문에 왜적들은 식량 확보와 조선군 세력 해체 차원에서 불가피하고 필수적으로 점령해야만 할 대상이었다.

임진년 10월 진주성 점령을 시도하던 왜적들은 3천명의 병사로 성을 지키던 부사 김시민에게 2~3만의 대군을 가지고 대패를 당하였다.

진수 대첩 이후에 전쟁에 개입하게 된 명나라는 복잡한 국내(명나라) 사정도 있는 관계로 전쟁이 오래 이어지는 것을 바라지 않았고 더군다나 이 전쟁의 승리에는 관심이 적었으므로 조선 조야의 반대에도 불구하고 왜적과 협상을 통해 빨리 전쟁을 마무리하고자 한다.

협상의 진전에 따라 철군을 위해 전 병력이 후퇴하여 경상도 해안에 집결한 마당에 지난해 당한 치욕을 회복하고 협상에서 유리한 위치를 차지하고자

진주성 공격을 꾀하면서 '성을 비우라空城論'고 요구한다.

　이 문제를 스스로 해결해야 하는 조선의 입장에서는 1년여의 전쟁과 명군에 대한 군량조달 등으로 국력이 거의 소진되어 해결할 수 있는 여력을 잃은 상태에서 임금이 직접 명군에게 **'일본군이 지구전으로 밀어붙이면 아무리 진주성이 요새라 해도 답이 없다.'**면서 여러 번 구원을 요청하였으나 명나라 장수들은 이를 무시하고 이 전투에 개입을 주저하며 왜적들의 공성론에 암암리 동조하는 입장을 취하였다.

공성론空城論 『선조실록』 26년 계사 7월 10일

我日本住晉州兵馬三十萬 恐不能當	우리 일본 군대가 30만이나 되니, 아마도 당해내지 못할 것이다.
修書密報.	편지를 보내어 은밀히 알려
今本府之民	진주 백성들로 하여금
預避其銳鋒	미리 예봉(銳鋒)을 피하게 하라. (그렇게 하면 우리 일본 군대도)
皮見城空人盡	성이 텅 비고 사람이 하나도 없는 것을 보고
卽撤兵東回	곧 철병할 동쪽으로 돌아올 것이다.

이여송에게 서둘러 진격해주기를 청하는 계첩을 보내다.
『선조실록』 26년 계사 7월 13일

　비변사가 아뢰기를,

　"이 제독李提督에게 문안하는 일로 박승종朴承宗이 곧 떠나려 합니다. 지금 듣건대 변사變詐를 헤아릴 수 없는 흉적凶賊이 창을 되돌려 내지內地로 향해오고 또 군대를 나누어 전라도全羅道를 침범하려 한다 하니, 이 제독에게 서둘러 진격進擊해서 대은大恩을 마쳐 달라는 뜻으로 계첩揭帖을 만들어 보내는 것이 어떻겠습니까?"

　하니, 아뢴 대로 하라고 전교하였다. 게첩은 다음과 같다.

"서늘함을 맞이하고 더위를 보내니 금기金氣가 제법 시원한데, 오랜 동안 전진戰陣에서 노고하시는 안부가 어떠합니까? 산천山川이 막혀 문안도 자주 드리지 못하였으나, 우러러 생각하는 마음은 깊어 항상 두렵고 걱정되었습니다. 겨울이 가고 여름이 지나 절서節序가 여러 번 바뀌었는데, 눈 내리는 겨울이나 버들잎 피는 봄에 편히 계시지 못한 것이 모두가 우리 나라의 일 때문이니, 감읍感泣할 성덕盛德을 잠시인들 어찌 잊겠습니까. 목하目下 잔구殘寇가 다시 모여 흉모凶謀를 자행하여 창을 되돌려 내지內地로 향해오는 기세가 매우 사납다 하니, 만약 지난해처럼 석권席捲의 기세로 북상北上하거나 군대를 나누어 호남湖南을 침범하여 전역을 유린한다면 병력兵力이 다하고 군흥軍興이 이미 고갈된 우리 나라가 어찌 자구自救할 수 있겠습니까. 이야말로 위급 존망의 기틀이 순식간에 결판이 날 것입니다. 그러므로 이 보고를 들은 뒤부터는 침식寢食을 전폐하고 새벽에 어찌될까 저녁에 어찌될까 두려워 떨고 있습니다.

그러나 믿고서 자위自慰하는 것은 오직 대인大人이 계시기 때문입니다. 대인의 신묘하고 원대한 모략謀略은 반드시 앉아서 적賊의 기선機先을 제압하여 넋이 빠지게 할 수 있으니, 서둘러 동로군東路軍을 지휘하시고 장령將領들을 독려하시어 적들이 도모하기 전에 잔구殘寇를 소탕하시어 재조再造의 공렬功烈을 이루신다면 중한 은혜를 무엇으로 보답하겠습니까. 끝으로 장군의 천만 보중保重하심을 빌며 이만 줄입니다."

당시 우리 장수들의 분위기는 '도저히 성을 지킬 수 없다,'는 측과 '설령 못 지킨다 해도 끝까지 싸워야 한다'는 의견으로 달라져 있었다.

성을 지킬 수 없다는 측은 도원수 권율, 전라병사 선거이, 영천군수 홍계남, 의병장 곽재우, 임계영 등이 있으며, 곽재우는 순찰사가 입성할 것을 명했음에도 불구하고 이를 기절하면서 '차라리 사결하면 했지 저런 데서 개죽음을 못하겠다.'고 극언까지 서슴지 않았다.

왜장이 진주를 공격하니, 원수가 관군과 의병에게 방비하게 하다.

『선조수정실록』 26년 계사 6월 1일

왜장倭將이 군사를 연합하여 진주를 공격하였다.

창의사倡義使 김천일金千鎰 등이 성에 들어가서 굳게 지키니, 청정·평의지平義智가 군사를 다 동원하여 진주로 향했는데 30만으로 일컬었다.

… 중략 …

유정劉綎이 청정에게 서신을 보내어 그가 맹약을 어긴 것을 꾸짖고 화복禍福의 이치로 타일렀으나 청정은 답하지 않았다.

이에 원수元帥가 관군과 의병에게 전령하여 나아가 진주를 지키게 하였다.

… 중략 …

전라 병사 선거이宣居怡와 영천 군수 홍계남洪季男이 군사를 거느리고 와서 말하기를 '적은 많고 우리는 적으니, 물러나 안 쪽을 지키는 것만 못하다.' 하였는데 김천일이 항의하며 따르지 않았다. 선거이와 홍계남은 즉시 운봉雲峯으로 나가 진을 쳤다.

한효순韓孝純이 곽재우郭再祐로 하여금 진주에 달려가 함께 지키게 하니, **곽재우가 따르지 않으면서 말하기를**, "오직 임기 응변할 수 있는 자만이 제대로 군사를 부릴 수 있고 지혜로운 자만이 적을 헤아릴 수 있는 것입니다. 지금 적병의 성대한 세력을 보건대, 그 누구도 당하지 못할 기세를 떨치고 있는데 3리里밖에 안 되는 외로운 성으로 어떻게 방어하겠습니까. 나는 차라리 밖에서 원조를 할지언정 성에 들어가지는 않겠습니다."

하니, 좌순찰사左巡察使 김늑金玏이 그를 꾸짖기를,

"그대가 대장의 명을 따르지 않으면 군율軍律에 어쩌려는가."

하자, 곽재우가 말하기를,

"이 몸이 죽는 것은 족히 아까울 것이 없으나 전투 경험이 많아 노련한 군졸들을 어떻게 차마 버릴 수 있겠습니까."하였다.

… 후략 …

이에 대해 창의사 김천일을 비롯한 우국지사들은 잠시 점령한 후에 물러나겠다는 왜적의 주장을 신뢰할 수 없을뿐더러 만약 진주가 점령되고 나면 호남을 지켜낼 수 없다는 급박한 사정을 인지하고 불 보듯 뻔한 죽음의 길을 택한다.

좋은 예로 부원수 선거이가 충청병사 황진에게 '장군의 관할지역도 아니고 지원 명령도 없으니 진주에 가지 말라'고 만류하자, 황진 장군은 '이미 창의사倡義使에게 승낙하였으니, 비록 죽는 한이 있어도 식언食言할 수는 없다.'고 하였다'라고 대답하며 성에 들어갔다.

입성한 장수들은 병사들에게 성에 들어가면 반드시 죽을 것이니, 살고 싶은 사람들은 들어가지 않아도 된다고 하여 일부가 입성을 포기한 사례도 있으나 민여운 휘하 장병들은 대장을 따라 모두 죽음의 성에 들어가서 장렬한 죽음을 맞이했다.

성에 들어간 장수별 병력의 수(『선조수정실록』에 의거함)

구 분	장수명	병력수	비고	구 분	장수명	병력수	비고
창의사	김천일	300		충청병사	황 진	700	
경상병사	최경회	500		복수장	고종후	400	고경명의 장남
부 장	장 윤	300		의병장	이계련	100	
부 장	이 잠	300	변사정의 부장	의병장	민여운	200	『호남절의록』에서 민여운은 300명이 입성하였다고함
의병장	강희열	–		의병장	고득뢰	–	
의병장	강희보	–		의병장	오유웅	–	
거제현령	김준민			김해부사	이종인		

왜장이 진주를 공격하니, 원수가 관군과 의병에게 방비하게 하다.

『선조수정실록』 26년 계사 6월 1일

… 선박 …

이에 원수元帥가 관군과 의병에게 전령하여 나아가 진주를 지키게 하였다. 창의사 김천일은 군사 3백을 거느리고 먼저 달려가 성에 들어갔고, 충청 병사는 군사

7백을 거느리고, 경상 병사 최경회崔慶會는 군사 5백을, 의병 복수장義兵復讐將 고종후高從厚는 군사 4백을, 부장副將 장윤張潤은 군사 3백을, 의병장 이계련李繼璉은 군사 1백여 명을, 의병장 변사정邊士貞은 그 부장 이잠李潛을 보내어 군사 3백을 거느리게 하고, **의병장 민여운閔汝雲은 군사 2백을**, 강희열姜希悅 · 고득뢰高得賚 · 강희보姜希輔 · 오유웅吳宥熊 등도 모두 군사를 거느리고 왔으며, 거제 현령 김준민金俊民 및 김해 부사 이종인李宗仁 등은 먼저 성안에 있으면서 목사牧使 서예원徐禮元과 수비책을 의논하고 있었다.

… 후략 …

2) 전투 전개 상황

전투는 6월 21일부터 29일까지 전개되는 데 주요 전황은 다음과 같다.

일자별	주요 전황
전투 전야	15일, 일본군 출발, 함안 점령, 16일 반성 점령, 18일 의령 점령, 19일 명의 장수 유정의 부정 왕필적과 상주목사 정기룡이 입성하여 '유총병의 군사가 성 외곽에서 지원하고자 하는데 그 선봉이 3가에 도착했으니 경들은 잘 방어하라'고 격려하고 돌아감
6월 21일 (1일차)	- 일본군 기병 200여 명이 성의 동북쪽 순천산에 올라가 주변 정찰 - 성 주변에 있는 해자(수로)를 메우는 일 착수. 군대 분산 배치
6월 22일 (2일차)	- 왜적 본대 도착, 공격개시 - 낮에 1차 공격 - 30여명의 사상자를 내고 퇴각 - 초저녁 재차 공격 - 밤 10시쯤 퇴각 - 밤 12시 3차 공격 - 수성군의 방어로 새벽 4시 퇴각 (황진 장군이 순성장으로써 맹활약) - 김천일이 구원을 요구하는 전령을 파견했으나 붙잡혀 심리전 도구로 이용됨
6월 23일 (3일차)	- 왜적들이 해자를 매립을 마치고 죽창 등 공성용(攻城用) 도구를 이용해 공격했으나 아군의 격렬한 저항에 부딪쳐 퇴각 - 낮에 3번, 저녁에 1번 공격을 받았으나 격퇴시킴

6월 24일 (4일차)	- 왜적들이 잠시 휴식, - 병력 재배치, 5~6백명 전진 배치
6월 25일 (5일차)	- 성을 내려다 볼 수 있도록 언덕을 쌓고 거기에 정루(亭樓)를 설치하여 위에서 아래를 향해 사격을 가함 - 수성군도 같은 방법으로 언덕을 쌓고 더 높은 정루를 만들어 대응 (낮에 세 번, 밤에 한 번 공격해 오는 적을 격퇴시킴)
6월 26일 (6일차)	- 생가죽으로 만든 방패로 화살과 총탄을 막으면서 성을 허물기 시작 (성내에서는 바위와 나무를 아래로 굴려서 막아냄) - 화공(火攻)으로 성내에 있는 초가집 여러 채가 불에 탐 - 심리전을 전개하며 주야로 계속 공격하였으나 격퇴시킴
6월 27일 (7일차)	- **민여운이 순찰중 전사** - 왜적들이 귀갑차(龜甲車)를 만들어 공격 - 동.서문에 언덕을 쌓고 누각을 만든 두 사격전을 벌임 (수성군 전사자가 3백명을 넘어서 큰 피해를 입음) - 왜적들이 북문의 성벽에 오르는데 성공했으나 격퇴시킴
6월 28일 (8일차)	- 왜적들이 밤에 은밀히 북쪽 성벽에 접근하여 성벽을 붕괴시킴과 동시에 기습 공격 감행(서예원의 경계지역으로 그는 겁이 많은 관계로 제대로 살피지 못하고 소홀히 하는 틈을 타서 공격을 받아 성벽 자체가 심한 손상을 입음.) - 황진장군 전사(장군의 전사로 전세가 급격히 악화됨) - **정윤근 부장 전사(민여운 전사후 최경회와 합진하여 작전수행)**
6월 29일 (9일차) 전투종료	- 방어선 붕괴, 성이 함락되어 적에게 점령됨 - 김천일, 최경회, 고종후, 이종인 등 자결 - 장윤, 김준민 등 전사

3) 민여운의 죽음(『호남절의록』으로 대체함)

… 前略 …

癸巳六月賊復大至圍晉城時	계사년 6월 적들이 다시 많이 몰려와서 진주성을 에워쌌을 적에
公麾下義士有三百餘人	공에게는 휘하에 삼백여 명의 병사들이 있었는데, 공은 손가락을 잘라 피를 내어
公斫指出血誓以同死仍檄勵忠義	다 함께 죽기를 맹세하고 충성스런 대의를 북돋아 주니

衆皆有效死之心	병사들이 모두 죽기를 각오하였다.
乃與倡義使金千鎰復讐將高從厚慶尙兵使崔慶會忠淸兵使黃進彪義將深友信諸公同入晉城	그리고 창의사 김천일, 복수장 고종후, 경상병사 최경회, 충정병사 황진, 표의장 심우신등 여러 제장들과 함께 진주성에 들어갔다.
固守七日督戰不已斬獲甚衆	성을 지킨 지 7일째 되는 날 많은 병사들이 죽고 잡혀가서 전투를 독려할 상황이 아니었다.
身被十餘創裂創復戰左手斷右手折	몸에는 십여 군데 창상이 있고 또 왼손을 부러지고 오른 손을 꺾이었음에도
而督勵將士力戰愈急士皆奮力焉	장사병에게 싸우기를 독려하니, 병사들이 모두 힘을 다해 나섰다.
二十七日巡城時忽中賊矢而死	27일 성을 순시할 적에 홀연히 날아온 적의 화살을 맞아 순직하였다.
鄭允謹代領其衆	정윤근은 대신 그 병사들을 거느리며,
使子昌文收公屍歸葬鄭之先山事	아들 창문으로 하여금 공의 시신을 거두어서 정씨의 선산에 장사를 지내게 하였다.
聞贈左承旨綠宣武原從勳	좌승지로 증직되고 선무원종훈을 녹하였다고 들었다.
○奴秋同亦勇健善射者	가노 추동은 똑같이 또한 용감하고 활

	을 잘 쏘았다.
從公每戰斬獲甚多	공이 싸움에 나설 적마다 따라나서 참으로 많이 죽이고 잡아 들였다.
同入晋城射殺賊酋二于及亦死亦死於賊	진주성에 같이 들어가서 적의 장수 두 명을 쏘아 죽이고 공이 죽자 또한 적에게 죽임을 당하였다.
… 後略 …	

4) 정윤근의 죽음(『호남절의록』으로 대체함)

○ 鄭允謹(정윤근)

… 前略 …

受圍八日閔公中矢已死	성이 포위당한 지 8일째 되는 날 민여운이 화살을 맞아 죽자
公代領其兵與崔慶會合陣督戰	공이 대신 그 병사들을 거느리고 최경회와 합진하여 싸움을 독려하다가
氣盡手折遇害于賊	기운이 다하고 손이 부러진 상황에서 적에게 해를 입었다. (죽었다)
贈軍器寺主簿	군기시주부로 증직되었다.

5) 전투 종료

이번 전투는 왜적 10만 대군과 성城에 들어간 관군과 의병 6~7천 명 그리고 주민 2~3만 명 해시 우리 측 3~4만 명이 격돌한 전투로써 임금이 우려했듯이 전후좌우 길이가 1km에도 미치지 못하는 조그만 성을 두고 벌어진 싸움터에서 우리 측에서는 입성한 전원이 몰살을 당하는 참사를 겪게 되었고, 왜적 역시

1~2만 명이 죽어 나가 양측 모두 돌이킬 수 없는 피해를 입었다. 특히 우리 측에서는 입성한 장수 가운데 살아남은 사람은 하나도 없었다.

조정에서는 전투가 끝난 지 10여 일이 지난 후에야 명군에게 왜적들의 힘을 분산시키기 위해 부산에 있는 적의 진영을 공격해달라고 요청하는 한편, 권율에게 진주성 구원에 나서도록 명을 하였다.

왜적들은 진주성 전투가 끝난 뒤 호남진출을 위해 하동과 사천에서 약탈행위를 감행하고 남원과 구례 방면으로 진출을 꾀하나 우리측의 반격으로 퇴각하게 된다. 강화협상이 막바지에 이른 마당에 호남으로 진출하는 것에 큰 의미를 두지 않았던 것이 왜적들의 입장인 듯 하기도 하고, 이번 진주성 전투에 입은 커다란 내상으로 인하여 다른 전투를 치르기가 힘들었던 것으로도 보인다.

왜장이 진주를 공격하니, 원수가 관군과 의병에게 방비하게 하다.

변사의 요청으로 권율에게 진주를 구원하라 명하다.

『선조실록』 26년 계사 7월 13일

비변사가 아뢰기를,

"삼가 권율權慄의 장계를 보니 왜적이 온갖 방법으로 진주를 공격하고 있는데, 명군明軍은 아직까지 달려가서 구원하지 않고 있다고 합니다. 왜적과 대진對陣하고 있는 외원外援으로는 오직 선거이宣居怡·이천李薦, 홍계남洪季男 뿐으로 그 형세가 매우 외롭고 약하다고 합니다. 품첩은 이미 정사正寫하였습니다. 권율의 생각은 다만 요해처要害處를 지켜 호남을 보전하고자 할 뿐, 군사를 보내어 진주를 구원할 의사가 없는 듯합니다. 진주를 구원하는 것이 바로 호남을 보전하는 길이니, 이런 뜻으로 급히 권율에게 하유하소서."

하니, 상이 따랐다.

6) 진주성전투의 영향

왜적들이 진주성을 공략하려는 것은 1차 진주성 전투의 원한을 갚고, 본국에 있는 도요토미 히데요시의 분노를 피하며, 협상에 임하고 있는 명군에게 심리적 타격을 주어 강화 협상을 유리하게 꾸리기 위해 실질적으로 진주성 공격만을 공격하려는 것으로 전라도 진출까지는 꾀하지 않은 것으로 보인다.

전쟁으로 전라 좌의병 지휘부가 전멸했고, 최경회가 중심이었던 전라 우의병도 대부분의 병력을 상실해 전국에서 가장 강한 전력을 가졌던 호남의병대가 사실상 와해되는 지경에 이르렀다.

또한 진주를 위시한 경상도 서남부 지역의 인구가 급감함에 따라 행정구역 개편이 불가피하게 이루어졌다. 왜적들은 성을 허물어 평지로 만들어서 분풀이를 하였다.

5. 민여운과 정윤근

이 고을에서 창의한 의병대를 이끌었던 민여운은 누구인가?

그의 증조부는 한훤당 김굉필의 문인으로써 선교랑宣敎郞 성균관전적成均館典籍을 지낸 구손龜孫이고, 조부는 우리나라 최초의 인성교육 교재라 할 수 있는 동몽선습童蒙先習을 지었고, 중국 학사(사신)가 보고 감탄했다 하고 명기 성산월에 의해 널리 알려진 10대 때 지은 백마강부白馬江賦와 입암집 6권을 남긴 문호로써 좌찬성을 지낸 제인濟仁으로 파조派祖이며, 그의 아버지는 사관思寬으로 예빈봉사禮賓奉事라는 중앙관직을 지냈다.

그는 음서로 관직에 진출하여 사복시첨정司僕寺僉正을 거쳐서 앞에서도 거론한 바와 같이 최경회崔慶會가 무장현감으로 있을 당시, 용담현령龍潭縣令을 지냈다.

그의 생년이나 성장과정 등에 관한 기록은 없다. 그가 진주성에서 전사戰死한 이후로 그 가솔들이 산외일번면 능암마을에 터를 잡고 살았으므로, 그 집안에서는 입향조로서 추앙을 하고 있다.

조정에서는 그의 공로를 인정하여 통정대부 승정원좌승지를 증직하고 원종훈에 록하였으며, 철종 무오년에 가선대부 이조참판겸 동지의금부사오위도총부부총관에 추가 증직하였다.

정윤근 일가가 실천한 삼강三剛에 대해서는 『호남절의록』・『태인삼강록』을 비롯하여 『이재유고履齋遺稿』 등 여러 곳에서 상세하게 나온다. 『호남절의록』에 나타난 그들의 행적을 기록함으로써 서술을 대신하고자 한다.

『호남절의록』

◆ 鄭允謹(정윤근)

子昌文搜得公屍歸葬	아들 창문이 (민여운)공의 시신을 수습하여 장사를 지냈다.
丁酉南原之役昌文欲復讐率家僮數十	정유년 남원에서 전투가 벌어지자 창문은 복수를 하려고 가동 수십명을 거느리고서
哭辭廟訣其母赴賊而死	사당에 울면서 (출전하게 된 사연을) 말씀드리고 그의 어머니를 이별하고 적 있는 데로 가서 죽임을 당하였다.
母洪氏妻鄭氏聞其死	어머니 홍씨와 부인 정씨는 그의 죽음을 듣고
幻着男服赴南原俱死於賊	남자의 복장으로 변장하여 남원에 함께 가서 적에게 죽임을 당하였다.
鄭氏子夢台生纔一歲	정씨의 아들 몽태는 태어난 지 겨우 한

| 臨行屬婢莫禮以養兒繼嗣 | 살이었는데
남원에 가려할 적에 거느리던 여종 막례에게 아이를 잘 키워서 가문을 잇도록 하고 |
| 之意諺書遣其子 | 그 뜻을 그의 아들에게 언문의 글로써 남겼다. |

 나라에 충성한 정윤근鄭允謹, 대장과 부친에게 효를 다한 그의 아들 창문昌文 그리고 부군들의 원수를 갚기 위해 죽음을 무릅쓰고 전장에 나간 열부烈婦 그들의 부인은 2대에 걸쳐 삼강三剛을 실천한 이 고을 사람들의 정신적 표상이었다고 할 것이다.

6. 결어

 유족의 입장에서 바라본 민여운 의병대는 다음과 같은 의미가 있다고 본다.

 첫째, 민여운의 의병대는 이 고을 백성들에 의해 일어난 최초의 의병대이다. 당시 이 고을에서는 민여운 의병대 말고도 의병에 참여한 인사들이 있었다. 도학서원에 배향된 고부의 김제민 같은 경우에는 삼례에서 그리고 순창에 시 지역주민들에 의해 의병대장으로 추대되어 자녀들과 함께 출전하고, 웅동 모충사에 배양된 권극평의 경우에는 최경회의 부대에 참여하여 활동하였다. 또 고현내 김후진은 장성 남문창의에 적극 참여하고 이 부대를 통해서 의주로 파천한 임금에게 식량과 무명과 솜괴 종이를 진달하였다. 그 밖에도 모충사에는 백광언, 이지시 등 관군으로 출전하여 순절한 인사들을 배향하고 있다.
 그러나 순수하게 우리 고을 백성들만으로 창의하여 편제를 갖추고 장기간 여러 전투에 참여하고 역사에 남을 큰 전장에 전몰한 부대는 이 고을에서 민여운 의병대뿐이다.

둘째, 이 부대는 활동 기간이 1년이 넘는다.

당시 오랜 가뭄과 전쟁으로 기근이 극심했음에도 불구하고 국가나 지방 수령의 도움이 없이 스스로 의식주를 해결해 냈다. 그 책임이 오롯이 지휘관에게 있었다. 다행히도 민여운에게는 안의와 손홍록과 같은 적극적인 후원인이 있었음도 간과할 수는 없다.

셋째, 이 부대에 대한 병사들과 백성들의 신뢰는 상상을 초월할 정도로 강하고 단단하였다.

창설 당시 대원의 수가 2백 명이었는데, 진주성에 입성할 때 그 대원수가 중앙의 기록에는 2백 명으로, 『호남절의록』 등 이 지역의 자료들은 3백으로 기록하고 있다. 시간이 지남에 따라 수많은 전투를 통하여 전사하고 부상당해 감소한 숫자도 적지 않았고 다른 사정에 의해서 중간에 그만둔 경우도 많았을 것 임에도 불구하고, 창설 당시 대원수를 끝까지 유지하고 오히려 늘어났다는 것은 장수와 병사들이 상호간 신뢰가 얼마나 강하고 단단하였는지를 말해준다. 또 이들이 진을 치고 작전을 수행한 고을마다 이들로 인하여 상당한 불편과 부담이 있었을 것 임에도 불구하고 그래도 믿을 것은 이 부대밖에 없다는 생각에 같이 의지하고 이 부대에 참여한 인원이 적지 않았을 것이라는 반증이기도 하다.

정윤근 부자와 그의 고부간에 실천한 삼강三綱은 당시 태인 사람들의 진솔한 삶의 자세이자 정신이고 실천 덕목이었던 것이다.

넷째, 정윤근 가문에서 실천해낸 삼강三綱은 민여운 의병대 나아가서 이 고을 백성들의 곧고 의로운 삶의 진솔한 모습이었다고 할 것이다.

모든 것을 종합해 볼 때, 이처럼 국가와 민족을 위해 목숨을 걸고 장사병이 하나가 되어 대의大義를 결단력 있게 실천해 낸 정읍의 정신과 의기야말로 훗날 동학혁명과 병오창의를 가능케 한 뿌리요 씨앗라고 할 것이다.

속설 같지만 영기靈氣 서린 상두산 깊은 골짜기에 자리한 구장리와 만병리에는 아홉 장수가 만 병사를 훈련시키는 기운이 서려 있다고 한다.

이 기상이 값아있는 비의장 민여운의 의병대로부터 정읍의 정신이 움트기 시작했다고 감히 말씀드리고 싶고 이러한 의롭고 곧은 정신과 자세야말로 다른 고장에서 또 다른 나라에서까지도 정읍의 정신이라 일컬어 질 수 있도록 새롭게 조명해보고 지키고 다져나가야 하리라 생각한다.

제 5 장
임진왜란 의병장 민여운 선양사업의 방향과 방안

박대길
전북민주주의연구소 소장

1. 서언
2. 민여운 의병장 관련 사료 및 유적지
3. 선양사업의 방향과 방안
4. 결어

1. 서언

오늘날 정읍시는 단일單一 행정 구역이지만, 지금으로부터 109년 전(1914)에는 고부군·태인군·정읍군[1]으로 나뉘어 있었고, 각각 독립적이었다. 일본은 식민지 조선을 영구 통치하기 위해서 철저한 준비를 거쳐 행정 구역을 개편하였다. 그 결과 그 당시 규모가 가장 컸던 고부군과 오랜 전통과 문화를 이어 온 태인군을 면面 단위로 격하시키고, 정읍을 행정의 중심으로 만들었다.[2]

일본의 이러한 행정 구역 개편이 노린 것 중의 하나는 동학농민혁명의 시작이면서 상징적 공간인 고부를 지우고, 동학농민혁명을 지방 단위의 민란으로 격하시켜 저항의 싹을 말살하려는 목적이었다. 그리고 지역 간 분열과 갈등, 나아가 다양성 안의 일치를 원천적으로 차단하여 식민지 조선을 영구히 분할 통치하려는 술책이었다.

그 결과의 하나로 오늘날 고부봉기가 동학농민혁명에서 제외되었다.[3] 2004년부터 시작한 동학농민혁명 국가기념일 제정에 매몰되어 고부봉기를 도외시한 결과이다. 동학농민혁명 관련 기록물이 세계기록유산으로 등재되었다고 경축하면서 '사발통문'이 포함된 것을 자랑하지만, 정작 「동학농민혁명 특별법」과 검인정한국사교과서, 『전라도 천년사』의 수정과 개정 등 바로잡기는 감정적 대응만 하고 있다. '동학농민혁명의 시작이며 중심지', '동학농민혁명의 성지 정읍'을 자처하는 정읍시의 대응으로 기대에 미치지 못한 상황이라 하지 않을 수 없다.

---

1 조선시대는 지방 행정 단위는 부·군·현으로, 고부군, 태인현·정읍현으로 각각 독립된 행정 구역이었으나 1895년 행정 구역 개편 때 군으로 통일하였다.
2 이것은 규모가 가장 컸던 무장과 역사와 전통이 깊은 흥덕을 면으로 격하하고, 고창을 중심으로 통폐합한 현재의 고창군과 같다.
3 2004년 제정·공포한 「동학농민혁명 참여자 등의 명예회복에 관한 특별법」, 현행 검인정 국사교과서, 2023년 발간하려던 『전라도 천년사』등이 모두 고부봉기를 실패한 민란 또는 동학농민혁명의 전사(前史)나 배경으로 서술하였다.

이와 관련하여 '임진왜란과 정읍'에 대한 접근도 별반 다르지 않다. 세계기록유산으로 등재된 『조선왕조실록』을 정읍의 내장산에서 지역민이 1년 1개월여 지켜냈다는 자부심과 자긍심은 대단하지만, 정작 임진왜란과 대한제국기 목숨을 걸고 나라를 지킨 의병, 일제강점기 독립운동에 헌신한 분들에 대해서는 '간 보기' 수준에 머물러 있는 것 같다. 대표적인 인물이 바로 의병장 민여운과 정윤근이다. 민여운 의병장에 관한 기억은 산외면에 머무는 것 같고,[4] 정윤근 의병장은 흔적조차 찾기 어렵다.

본 글은 임진왜란 의병장 민여운에 관한 선양사업의 방향과 방안을 알아보는 데 있다. 이를 위해서 기본 자료가 되는 민여운 의병장 관련 사료와 유적지를 먼저 살펴보고자 한다. 이 작업은 장차 선양사업의 방향과 방안을 마련하는 디딤돌이 될 것이다. 다음으로 선양사업의 방향과 방안을 살펴볼 것이다. 이 작업은 의례적일 수 있으나 내실 있는 작업을 기대한다.

2. 민여운 의병장 관련 사료 및 유적지

1) 관련 사료

학술연구정보서비스(http://www.riss.kr/)에서 '閔汝雲 · 민여운'을 검색하면, 6건이 나오는데, 모두 단행본이다. 1990년 발간한 『호남지방 임진왜란 사료집』1 「官邊資料篇」와 2010년 발간한 (교감 · 역주) 『호남절의록』은 원사료이다. 1990년 『新編 井州井邑人物志』, 1985년 『井邑郡史』, 2006년 『우리나라戰爭史』, 2013년 『임진왜란과 호남사람들』2 등이다. 이로써 민여운

---

[4] 정읍시가 동학농민혁명 참여자 유족에게 수당을 지급하고, 동학농민혁명 기념사업에 막대한 예산을 집행하는 것과 비교하면, 형평의 차이가 크다.

의병장 개인에 관한 학술논문이나 학술지는 물론 단독 연구나 단행본이 없음을 알 수 있다.

현재 민여운의 관직도 확인이 어렵다. 다수의 기록은 전前 주부主簿로 소개하고 있는데, 주부는 종6품이다. 다른 관직 중 하나가 용담 현령[5]이다. 그런데 용담 현령은 종5품이 부임하는 자리로 주부보다 두 단계 높은 직급이다. 현령을 두 번 역임했다는 기록은 있으나 용담 현령 외 다른 기록은 확인이 어렵다.

한편 『학봉전집鶴峯全集』[6]에는 "김화金化의 원倅 민여운閔汝雲이 나와서 두 번째 운반하는 납의納衣[7]가 도착하기를 기다리고 있다가 납의가 22일에 비로소 서울을 떠났다는 말을 듣고 본현本縣으로 돌아와서 나의 일행을 영접하였다."[8]라는 기록이 있다. 1579년의 일로 임진왜란이 일어나기 13년 전의 일이다. 그 당시 민여운이 동명이인同名異人이 아니라면, 김화 현감[9]을 역임하였음이 분명하다. 따라서 현령을 두 번 역임한 것이 아니라 현감과 현령을 각 1회씩 역임한 것이 된다. 이처럼 민여운에 관한 정리는 시작에 불과하다.

(1) 민여운 의병장의 창의

민여운이 창의倡義하여 의병을 모집하고, 활동을 시작한 것은 1592년 6월 12일 이전이었다. 일본군이 부산에 상륙한 후 불과 2개월 만에 창의한 것이다. 그 내용은 다음의 기록을 통해서 확인할 수 있다.

"진군進軍하여 태인에 당도하였다. 고을의 전 현령 민여운이 정윤근과 더불어

---

5 戊子[1588]到任庚寅[1590]罷歸.
6 『鶴峯逸稿』제3권, 「北征日錄」기묘년(1579, 선조 12) 9월. 학봉 김성일(金誠一, 1538~1593)이 1579년 9월 21부터 6개월간 함경도 순무어사의 임무를 함흥(咸興)과 길주(吉州) 지역을 순회하며 기록한 일기이다. 「北征錄」이라고도 한다.
7 탐심(貪心)의 제거 차원에서 헌 천을 주워다 빨아서 지은 가사(袈裟)를 가리키는 불교 용어로 백납(百衲)·분소의 (糞掃衣)라고 한다.
8 金化倅閔汝雲出待二運衲衣 聞衲來念二日始發京 還本縣迎接余行
9 『세종실록』153권, 「지리지」강원도, 회양도호부, 김화현. 金化縣監一人 本高句麗 夫如郡 新羅改富平郡 高麗 顯宗戊午 改金化縣 爲東州任內 本朝因之 太宗十三年癸巳 例稱縣監 別號花山.

향병鄕兵을 모집해서 왔다."¹⁰

유팽로는 전라도 곡성 사람으로 임진왜란이 일어난 사실을 알고 곡성에서 창의하였다. 남원의 양대박과 함께 담양의 고경명 의진에 합세하였고, 태인을 거쳐 금산으로 나아갔는데, 위 내용은 유팽로가 민여운을 만난 그 당시의 기록이다. 이로써 민여운의 창의는 1592년 6월 12일 이전으로 최후를 마치는 1593년 6월 27일까지 1년여 동안 의병장으로 일본군에 맞서 싸웠음을 알 수 있다.

『난중잡록亂中雜錄』二,「임진년 하」[1592년] 10월 10일

태인의 전 주부主簿 민여운이 향병 2백여 명을 모집하여 '웅熊' 자로써 장표章標¹¹를 삼고, 기계를 마련하고 양식을 마련하여 영남으로 향하였다.¹²

주부 벼슬을 역임한 후 태인에 거주하던 민여운이 고을에서 의병 200여 명을 모집한 후 '웅'자로 부대 표시를 삼고, 무기와 군량을 마련한 뒤 영남으로 향하였다는 내용이다.

『임계기사壬癸記事』

태인의 선비 안의와 손홍록은 창의하여 의병을 모아 전쟁에 직접 참여하는 대신, 의곡도유사義穀都有司¹³로 병사와 의병이 사용할 의복과 식량을 임금이

---

10 柳彭老,『月坡集』卷3「壬辰倡義日記」[1592년] 6월 12일 경자(庚子). 전라남도,『향토문화연구자료』제4집, 1986.
11 조선 시대, 오위(五衛)에 속한 장졸들의 소속 부대를 나타내는 표를 가리키는 말로 민여운 부대를 가리키는 표를 말한다.
12 泰仁前主簿閔汝雲 募聚鄕兵二百餘名 以熊字爲章標 治械備粮 向嶺南.
13 '의곡계운장(義穀繼運將)'이라는 기록도 있는데,『임계기사』에 실린 내용을 우선으로 하였다.

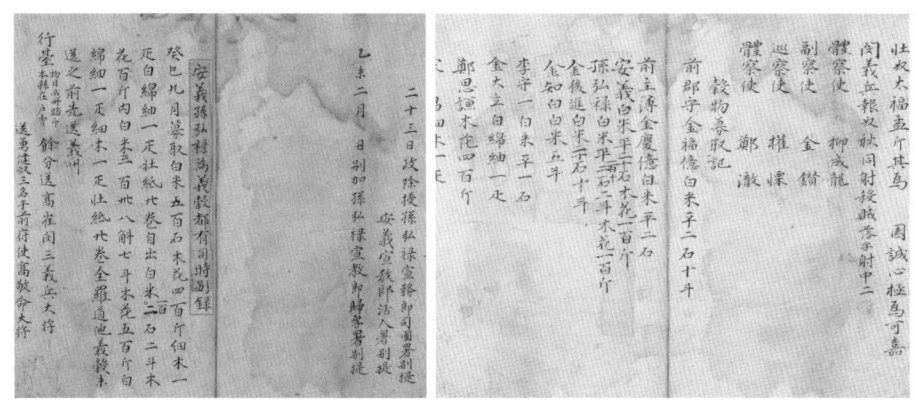

安義孫弘祿爲義穀都有司時別錄　　　　　泰仁閔義兵軍糧勸諭文

있는 행재소와 각지의 의병장에게 보냈다. 『임계기사』에 수록한 「안의손홍록위의곡도유사시별록安義孫弘祿爲義穀都有司時別錄」을 보면, 전부사前府使 고경명과 최경회에게는 용감하고 건강한 노비 3명을 보내고, 전현령前縣令 민여운에게는 2명을 보냈다. 그리고 「태인민의병군량권유문泰仁閔義兵軍糧勸諭文」에는 격문이 수록되어 있다.

아울러 의병장 최경회의 전공戰功을 상신하는 내용 가운데 민여운의 가노家奴 추동秋同의 행적行蹟과 전공戰功을 수록하는 등 민여운 의병장에 대한 지원 사실을 구체적이고 상세하게 기록하고 있다.

한편 민여운 의병장이 참전한 전투는 다음과 같이 전한다.

(2) 석현전투石峴戰鬪

『일성록』정조 23년(기미) 8월 22일
「황간黃澗의 유학 송환인宋煥仁 등의 상언」
… 전략 … 또 이로의 일기에 '민여운閔汝雲과 최경회崔慶會는 호남의 의병장이고, 한명윤과 박이룡은 호서의 의병장이다. 함께 우지령牛旨嶺 아래 진을 치고 김산과 지례에 남아 주둔하고 있던 적을 막았는데, 호령이 엄숙하였고 군대의 위용이

매우 장엄하였다.'라고 하였습니다. … 후략 …

(3) 지례전투 知禮戰鬪

『송암일기 松庵日記』

1592. 12. 23. 호남 의병장 민여운이 김면 총대장을 찾아와 "대구의 적이 대거 현풍으로 몰려왔다."라 하고, 현풍인 곽율과 안음의 정유명도 와서 현풍 방어를 역설하였다.

12. 24. 김면의 본진 병력이 2천명, 최경회와 민여운의 병력이 1천명으로 개령을 격파하려면 호남군은 거창 운현에서 지키고, 김면은 무주와 거창의 경계인 수두를 경유하여 개령으로 진군하고, 삼산군과 김면 본진의 복병은 개령의 동산정에 올라 화열을 일으키고, 선장 김함·정유금·김몽령의 군진과 좌우 돌격장 등의 군병은 한꺼번에 개령 적진에 돌격하여 방화 또는 사살하고, 외곽의 모든 군사는 사면을 포위하여 한 놈도 남김없이 섬멸하기로 작전을 짜고, 저녁에 맡은 세 곳으로 행군하였다. 김면 총대장은 이때 궁장(구성면 송중리)에 유숙하고 있었는데, 밤중에 한 위장의 심부름꾼이 와서 말하기를 "호서와 상주병이 약속한 곳에 오지 않아 거사가 불가능하니, 우선 호남병과 함께 개령의 적을 진 밖으로 유인함이 옳을 것"이라고 하였다.

12. 25. 김면이 새벽에 상좌원(구성면)에 출진하니, 민여운·최경회 두 의병장이 와서 척후병의 보고라면서 왜군이 대거 김산으로부터 지례로 온다 하여 상좌원에서 이를 맞아 세 번의 전투를 하였다. 전날 호남병이 웅치를 치고 개령으로 올 작전이었으나 적군이 웅치를 뛰쳐나와 의병군을 먼저 포위함으로 서로 공방전이 벌어지고 쌍방간 10여 명의 전사자를 냈다. 또 이때 후원군 김충민 군진과 함양병 최운 남노男奴 억복이 말 탄 왜장을 사살했으며, 여대로와 권은성

은 약속대로 상좌원에 출동하여 석현전에 참가하였다.

출처 : https://namu.wiki/w/김면14

(4) 진주성 1차 전투

『학봉전집鶴峯全集』「학봉일고」부록 제3권,

「학봉김문충공사료초존鶴峯金文忠公史料鈔存」하

선조 26년 계사(1593) 1월 8일에 경상우도 순찰사 김성일이 장계하기를,

"지난해 12월에 진주성이 장차 함락되려고 할 때 신이 장악원 첨정掌樂院僉正 조종도趙宗道와 공조 정랑工曹正郎 박성朴惺을 나누어 보내어 호남의 좌도와 우도의 의병義兵에게 구원을 요청하였습니다. 그러자 임계영任啓英·최경회崔慶會 두 장수는 호남과 영남은 광대뼈와 잇몸이 서로 의지하는 것과 같은 형세가 있어서 존망存亡과 성패成敗가 매우 긴밀하다고 하면서 즉시 군사를 거느리고 서로 잇달아 달려와 응원하였습니다.

그리고 전 주부 민여운도 태인에서 왔습니다. 비록 진주의 전투에 미처 참여하지 못하였지만, 인하여 성주星州와 지례知禮의 경계에 머물러 있으면서 본도의 의병대장 김면金沔·정인홍鄭仁弘 등과 힘을 합하여 왜적을 토벌하였는데, 여러 번 접전하여 적병을 죽인 것이 매우 많았습니다. 이에 왜적의 기세가 자못 꺾여져서 숨어만 있고 나오지 못하고 있는바, 온도의 사람들이 바야흐로 중하게 의지하여 함께 앞뒤에서 협격挾擊하는 형세를 이루게 되었습니다.

… 중략 …

본도가 만약 함몰된다면 호남이 다음에 병화를 입게 될 것이며, 호남이 지탱하지 못한다면 나라를 회복하는 터전이 아마도 여지가 없을 듯합니다.

… 후략 …

---

14 『송암일기』에는 민여운 의병장이 최경회와 함께 세 차례의 전투를 치른 것으로 기록되어 있으나 『디지털김천문화대전』의 지례전투 참전자 명단에는 보이지 않는다. 또한 전투도 7월 29일 치른 것으로 나온다. 민여운 의병장의 지례전투 참전은 더 연구가 필요하다.

『난중잡록亂中雜錄二』: 위 내용과 같다.

(5) 진주성 2차 전투

『선조수정실록』 27권, 선조 26년 6월 1일 갑신

"… 전략 … 이에 원수元帥가 관군과 의병에게 전령하여 나아가 진주를 지키게 하였다. 창의사倡義使 김천일金千鎰은 군사 3백을 거느리고 먼저 달려가 성에 들어갔고, 충청 병사는 군사 7백을 거느리고, 경상 병사 최경회는 군사 5백을, 의병 복수장義兵復讎將 고종후高從厚는 군사 4백을, 부장副將 장윤張潤은 군사 3백을, 의병장 이계련李繼璉은 군사 1백여 명을, 의병장 변사정邊士貞은 그 부장 이잠李潛을 보내어 군사 3백을 거느리게 하고, 의병장 민여운閔汝雲은 군사 2백을, 강희열姜希悅·고득뢰高得賚·강희보姜希輔·오유웅吳宥熊 등도 모두 군사를 거느리고 왔으며, 거제현령 김준민金俊民 및 김해 부사 이종인李宗仁 등은 먼저 성안에 있으면서 목사牧使 서예원徐禮元과 수비책을 의논하고 있었다. … 후략 …"

『선조실록』 40권, 선조 26년 7월 16일 무진

… 전략 … 이때 변보邊報가 매우 위급하니 창의사 김천일이 군사 3백 명을 거느리고서 6월 24일 진주로 달려 들어갔고, 충청 병사 황진黃進이 7백 명, 경상 우병사 최경회가 5백 명, 의병 복수장 고종후가 4백 명, 부장 장윤이 3백 명, 의병장 이계련이 1백여 명, 의병장 변사정의 부장이 3백 명, 의병장 민여운이 2백 명의 군사를 거느리고 이미 먼저 와서 본부 목사本府牧使 서예원과 김준민·이종인 등과 수성守城을 의논하고 있었다. … 후략 …

『연려실기술』 제16권 「선조조고사본말宣祖朝故事本末」

진주성의 함락과 명병明兵의 철환撤還

29일에 적이 진주를 함락시켰다. 창의사 김천일은 그 아들 상건象乾과 경상 우병사慶尙右兵使 최경회·충청 병사 황진 이상의 세 사람은 진양晉陽에 삼충사三忠祠를 세웠다.

전라도의 복수대장 고종후 · 우의병부장右義兵副將 고득뢰高得賚 · 좌의병부장左義兵副將 장윤張潤 · 의병부장義兵副將 이잠李潛 · 영광靈光 의병장 심우신沈友信 · 태인 의병장 민여운 · 해남海南 의병장 임희진任希進 · 도탄陶灘 복병장伏兵將 강희보姜希甫 · 의병장 이계련李繼璉 · 김해 부사 이종인李宗仁 · 사천현감 김준민金俊民 · 남포 현령藍浦縣令 송제宋悌 · 진주 목사 서예원徐禮元 · 의병장 강희열姜熙說 · 진해 현령 조경형曺慶亨 · 판관 최기필崔琦弼 · 좌랑 양산숙梁山璹 · 주부主簿 유복립柳復立 등과 함께 모두 전사하였다. 충청도의 수령守令으로 충청 병사를 따라 죽은 자로서 기록하지 못한 것이 많다.

『연려실기술』제16권 「선조조고사본말宣祖朝故事本末」

호남湖南 의병

해남 사람 진사 임희진과 영광 사람 첨정僉正 심우신沈友信과 태인 사람 민여운이 각각 군사를 모집하여 영남으로 갔는데, 모두 진주 전투에서 전사하였다.

『백사집白沙集』[15] 別集 卷三 議

… 전략 … 진주가 급해진 때를 당하여 김천일은 의병장으로서 마침 도내道內에 있었던 바, 당시에는 상장上將이 명령을 전달하거나 지휘하는 일도 없었으므로, 24일에 홀로 3백 명의 군사를 거느리고 가장 먼저 진주성에 들어갔는데, 그런 다음에 황진 · 최경회 · 고종후 · 장윤 · 이계련 · 민여운 등이 풍문을 듣고 차례로 진주성을 늘어가게 되었으니, 이것이 그 첫 번째 어려운 일입니다. … 후략 …

---

[15] 이항복(李恒福, 1556~1618)의 『백사집(白沙集)』. 1629년 강릉에서 처음 간행된 이후 여러 차례 출간되었다.

『재조번방지再造藩邦志』[16] 三

6월 적이 … 중략 … 진격하여 진주성을 포위하고 함안(咸安)을 침범하며 전라도로 핍박하면서 장차 한강 이남을 회복하여 경계로 삼겠다고 떠벌렸다. 이는 평신수길이 저희 병사가 일찍이 김시민에게 참패한 적이 있으므로 이제 여러 적이 연합하여 힘을 합쳐서 진주성을 기어코 섬멸殲滅하려는 때문이었다. 창의사 김천일이 이 소문을 듣고 그 병사 4백 명을 거느리고 제일 먼저 성안으로 들어가니, 양산숙梁山璹이 따랐다. (김)천일이 성을 나가서 함께 죽지 말도록 권하니, (양)산숙은 "이미 일을 같이 하였으니, 군중에서 같이 죽겠습니다."라고 하였다.

또한 (김)천일의 사인士人으로서 성을 나가 스스로 보전하고, 군대는 부장에게 맡길 것을 권하여도 (김)천일은 끝내 듣지 않고 오로지 촉석루矗石樓 방면을 지키고 있었다. 경상 병사 최경회·충청 병사 황진·의병복수장 고종후·좌도의병장 장윤·이계련·민여운과 김해 부사 이종인 등이 차례로 입성하였다.

최경회가 우도의 의병을 거느리니, 이른바 우의병이다. 호령이 엄숙하고 처사가 정밀하고 민첩하므로 백성들이 무척 의뢰하고 믿을 수 있다고 하였다. 선거이·홍계남 등은 적병은 많고 아군은 적으므로 내지內地로 물러가 지키는 것만 못하다 하여 군사를 이끌고 성을 나와 운봉雲峯으로 퇴진하니, 김천일이 말하기를,

"호남은 우리나라의 근본이요, 진주는 실로 호남의 방패이니, 진주를 지키지 못하면 이는 바로 호남을 없애는 것이다."라 하고, 드디어 제장과 더불어 사수하기를 다짐하였으나, 부상이 더욱 심하고 무기가 텅 비어서 믿을 만한 것이 없었다.

---

16 『재조번방지』는 책 이름이 말하여 주듯이, 선조 25년 임진왜란으로 무너진 우리나라를 중국 명나라의 구원으로 재조 재건한 사실을 기록한 책이다. 따라서 이 책에서는 주로 임진왜란 7년간의 사실을 다루면서 그 이전 선조 10년(1577년)부터 이후 선조 40년까지의 대명(對明) 및 대일(對日)관계의 사실을 함께 다루었으니 이것은 그 연원과 결말을 함께 밝히려 함이었다.

『승정원일기』 철종 13년 4월 1일 계축

··· 전략 ··· 贈左承旨閔汝雲贈吏參例兼[17] 忠節卓異加贈事 承傳 ··· 후략 ···

(5) 기타 자료

「여흥민씨 대종회」(www.minssi.net)

「가문을 빛낸 인물」 중의 한 분으로 다음과 같이 소개하고 있다.

임진왜란 때의 의병장. 자는 용종. 찬성 제인(입암공)의 손자로서 음보로 두 고을의 현령을 지냈다. 임진왜란이 일어나자 태인에서 정윤근과 함께 향병 200여 명을 모집하여 의병장이 되어 스스로 비의장飛義將이라 불렀다. 의병을 이끌고 팔량치를 넘어 함안 등지에서 적을 맞아 싸워 전과를 올렸다.

1593년 6월 제2차 진주성 싸움에서 휘하 의병 300여 명을 이끌고 참가하였다. 이 싸움에서 10여 군데나 창검을 맞고 왼손이 잘리고 오른손이 부러졌는데도 장사들을 독려하면서 성을 사수한 지 7일째 되던 날 성을 순시하다가 적의 화살에 맞아 전사하였다. 좌승지에 추증되고 선무원종공신에 책록되었다.

이 내용은 산외면 평사리 노은마을에 있는 '충의정'에 있는 약력과 비교된다.

민여운閔汝雲(?~1593)

임진왜란 때 우리 고장에서 의병을 일으켜 싸우다 죽은 인물 자 종용從龍 본관 여흥驪興 용담현령을 지내고 은퇴해 있던 중 왜군의 침략으로 나라가 위기에 처하자 원정마을의 정윤근鄭允謹과 솝잡고 일어섰다.

향토의 의병 2백여명이 결집 그는 대장으로 추대받아 스스로 비의장飛義將이라 일컫고 출정하였다.

당시 적과 격진이 빌어진 경상도 땅으로 들어가서 여러번 싸워 전괄르 올렸다.

---

17 좌승지는 정삼품이고, 이조참관은 종이품이다.

1593년 6월에는 진주성 사수의 대 결전장에 참여 온 몸이 피투성이가 되고 손이 끓어지기까지 했으나 끝내 진두지휘를 하다가 적의 총탄에 쓰러져 비장한 최후를 마쳤다.

나라에서 그의 공적을 평가하여 선무원종훈宣武原從勳을 내렸으며 후세에 이조 참판의 증직이 내렸다. 묘소는 본 면의 용두마을 뒤편 산기슭에 있다.

그의 종 추동秋同이 용맹하고 활을 잘 쏘아 적을 많이 사살하고 그가 죽음에 함께 함께 전사하였으니 이 또한 특이한 사실이다.

계미년 입동지절에 도강인 김진돈 삼가 씀

충의정을 언제 지었는지 확인하지 못하였으나 민여운 의병장을 소개하는 글에 '계미년 입동지절'로 보아, 2003년 11월 8일에 작성한 것으로 보인다. 정읍시 산외면 평사리 노은마을에 있다.

산외를 빛낸 인물 여섯 분의 약력을 현판에 새겨 육각에 걸었다.

임진왜란 의병장 민여운, 동학농민혁명 지도자 김개남金開南(1853~1894), 독립운동가이며 3·1독립만세운동의 33인 중 1인 박준승朴準承(1866~1927), 독립운동가 김정술金廷術(1869~1952), 조선어학회 애국지사 임혁규林爀圭(1891~1963), 독립운동[6·10만세운동]가 이동환李東煥(1901~1982) 등 여섯 분이다.

『한국민족문화대백과사전』

민여운閔汝雲

개설

본관은 여흥驪興. 자는 용종龍從. 민구손閔龜孫의 증손으로, 할아버지는 찬성贊成 민제인閔齊仁이다.

생애 및 활동 사항

음보蔭補로 두 고을의 현령을 지냈다. 임진왜란이 일어나자 태인泰仁에서 정윤근鄭允謹과 함께 향병鄕兵 200여 인을 모집하여 의병장이 되어 스스로 비의장飛義將이라 불렀다. 의병을 이끌고 팔량치八良峙를 넘어 함안 등지에서 적을 맞아 싸워 전과를 올렸다. 1593년 6월 제2차 진주성 싸움에서 휘하 의병 300여 인을 이끌고 참가하였다.

이 싸움에서 10여 군데나 창검을 맞고 왼손이 잘리고 오른손이 부러졌는데도 장사들을 독려하면서 성을 사수하기 7일째 되던 날 성을 순시하다가 적의 화살에 맞아 전사하였다. 좌승지에 추증되고 선무원종공신宣武原從功臣에 책록되었다.

원문 사료 [義兵將·泰仁 義兵將·飛義將] : 19건

『이재유고頤齋遺藁』

卽侍中文獻公玄英八世孫 吏曹典書繼安玄孫 進士汾孫也 旣生故家 夙稟美質 有才有學 兼長弓馬 萬曆壬辰 倭賊大至 則倡募義兵 以應高忠烈金文烈諸公 而推同 縣寓居前縣令贈承旨閔汝雲爲大將 癸巳赴晉州 與高公從厚崔公慶會黃公進及金文烈協 議死守

국역(國譯)하지 않은 사료 : 19건

서명	권차	문체	기사
송천유집(松川遺集)	松川先生遺集卷之七	附錄下	忠臣贈通政大夫 承政院左承旨兼經筵參贊官 宣敎郞 守工曹佐郞蟠溪公行狀 宗山李敏敍 謹撰
송천유집(松川遺集)	松川先生遺集卷之七	附錄下	神道碑銘 幷序 豐山洪良浩 謹撰
건재집(健齋集)	健齋先生文集附錄卷之三	年譜	年譜

건재집(健齋集)	健齋先生文集附錄卷之五		白沙記事
건재집(健齋集)	健齋先生文集附錄卷之五		晉州敍事 安牛山 邦俊撰 [飛義兵將閔汝雲]
백사집(白沙集)	白沙先生別集卷之三	議	因南方儒生䟽。高敬命依金千鎰例。褒崇議
은봉전서(隱峯全書)	隱峯全書卷三	書	書與延平李相公 貴 別紙 壬申十一月日
은봉전서(隱峯全書)	隱峯全書卷七	記事	晉州敍事
은봉전서(隱峯全書)	隱峯全書附錄上	年譜	[隱峯先生年譜] 飛義兵將 *閔汝雲*
송자대전(宋子大全)	宋子大全卷二百二	諡狀	兵使贈左贊成黃公諡狀
이계집(耳溪集)	耳溪集二十六	神道碑	工曹佐郎梁公神道碑 幷序
이재유고(頤齋遺藁)	頤齋遺藁卷之十	書	代道儒呈考巖致祭承旨書 乙巳
연경재전집(研經齋全集)	研經齋全集卷之五十九	蘭室史科二	晉陽殉難諸臣傳
풍고집(楓皐集)	楓皐集卷之十五	傳	梁山璹傳 飛義兵將 *閔汝雲*
운석유고(雲石遺稿)	雲石遺稿卷之十七	諡狀	贈吏曹判書梁公 山璹 諡狀 飛義兵將 *閔汝雲*
면암집(勉菴集)	勉菴先生文集卷之二十三	跋	跋六友堂家狀
송암유고(松菴遺稿)	松菴先生遺稿卷之二	補遺	壬辰倡義時同苦錄
백수집(白水集)	白水先生文集卷之十五	行狀	寒溪孫公行狀
좌소산인집(左蘇山人集)	左蘇山人文集卷第八 達城 徐有本混原	文	晉州殉難諸臣傳

2) 민여운 의병장 유적지

　　민여운 의병장이 태인에서 태어났다는 기록과 서울에서 태어났다는 설이 있으나 구체적인 사료가 나오지 않아 태생지를 알 수 없다. 더욱이 문중에서 전하는 이야기조차 없는 실정이어서, 구체적인 장소를 찾는 것은 쉽지 않다. 이와 함께 성장지와 거주지 역시 알 수가 없다. 그나마 산외면 정량리의 정윤근 의병장과 함께 창의하였다는 기록이 있어, 그 인근에서 태어나거나 이주 후 거주하였을 가능성을 미루어 짐작할 뿐이다.

贈嘉善大夫吏曹參判義兵將驪興閔公汝雲之墓
贈貞夫人晉州鄭氏合
　　　　　　　2000년　庚寅四月　日立
全北鄉土文化硏究會長　南原后人　楊萬鼎　謹撰
　　　　　　　迎日后人　鄭雲炎　謹書

贈嘉善大夫吏曹參判驪興閔公汝雲之墓
贈貞夫人晉州鄭氏祔左
崇禎後五乙丑[1925년]

그래도 묘소와 재실 용두재가 현존하고 있어, 유적지로서 의미와 기능을 담당할 수 있다. 묘소는 '용두재龍頭齋' 바로 뒷산에 있으며, 관리가 이루어져 양호힌 상대이다. 본래 비분은 1925년에 건립하였고, 2000년 4월에 새로 건립하였다.

묘소와 용두재

2015년 발간한 『산외면지』에 실려 있는 '용두재'에 관한 내용은 다음과 같다.[18]

용두재龍頭齋

정읍시 산외면 동곡리 산 197번지 용두산[19] 아래에 재실齋室로 여흥민씨驪興閔氏의 재각齋閣이다. 정면 4칸 측면 3칸이며, 석전 황욱石田 黃煜이 '용두재龍頭齋'라고 쓴 현판이 걸려 있다. 지붕은 최근에 개조하였고, 기단은 석축 기단에 시멘트를 발랐다. 1997년 민병호閔炳浩가 지은 「용두대기龍頭齋記」를 토대로 정리해보면 다음과 같다.

용두재 재실의 건립 연대는 1825년이다. 문간채는 노후되어 철거했으며, 본채 재실도 붕괴의 위험이 있어 1982년 개수하였다. 그러나 1992년경부터 누수와 훼손이 점차로 생겨나서 다시 전통 기와를 내리고 시멘트 기와로 대체, 개수하여 현재로서는 옛날의 모습은 전혀 찾아볼 수 없다.

여기에서 한학자 화석 김수연和石 金洙連 선생이 수년간 강학했다. 그는 70세 때인 1995년 산외면 용두리에 서당을 만들었고, 76세 때인 2002년 김제시 성덕면 대석리로 서당을 이전하였다.

용두재 뒷산은 여흥민씨의 묘역이라고 한다. 이곳에 임진왜란 당시의 공신 민여운 장군의 묘가 있다. 민여운의 전공戰功에 대한 보답으로 조정에서 사패지賜牌地를 내렸다고 전한다. 용두재 입구에 현감 민관호 휼민선정비가 있다.

재실은 지명을 따라 용두재龍頭齋라 하였고, 이를 건립하게 된 동기는 임진왜란 공신 민여운 의병장과 관계가 있다. 민여운 장군은 1592년 임진왜란에 태인현泰仁縣에서 의병을 모집하여 의병장이 되었다. 용두재는 바로 진주성晉州城에서 왜장倭將과 싸우다 순국하여 이곳에 안장安葬한 민여운 비의장飛義將을 모시고 제사祭祀 지내기 위하여 만든 재실齋室이다.

---

18   산외면지편찬위원회, 산가수려한 충의의 고장 -『산외면지』, 2015, 297~299쪽.
19   다음과 네이버에서 검색하면, 산외면 동곡리 산 197-1 채계산(117.4m)으로 나온다.

　　민여운은 여흥민씨 시조 고려상의태어공 민칭도의 18대손이며, 조선조 중종 때 좌찬성 閔齊仁의 손자이다.

　　민여운 공의 자字는 종송從龍이요, 호號는 송봉松峯이며, 음사蔭仕로 용담현령을 지내고 임기가 만료된 시기였다. 때마침 임진왜란이 일어나자 그는 고향 태인현에 내려와 경주인慶州人 정윤근鄭允謹과 더불어 향병鄕兵 200명을 모집하여 여러 읍邑에 격문을 보내며 군량軍糧과 병기를 정비하였다. 이때 사람들에 의하여 대장으로 추대되자 등단登壇하여 피로써 동맹을 맺고 웅雄자로 군표軍票를 하여 비의장飛義將이라 자호自號하고, 팔양치八良峙를 넘어 함안咸安 등지에서 무수히 적을 참살하였다.

계사癸巳 유월에 적장 가토 기요마사加籐淸正가 전년의 진주 참패를 보복고저 수십만으로 진주를 공격하려 함에 공은 三百 여인과 혈서로서 동맹하고 순국할 것을 맹세하며 창의사 김천일倡義使 金千鎰, 복수장 고종후復讐將 高從厚, 경상병사 최경회慶尙兵使 崔慶會, 충청병사 황진忠淸兵使 黃進, 표의장 심우신彪義莊 沈友信 등 제공들과 더불어 진주로 입성하여 항전 7일 동안에 10여 군데에 창상創傷을 입고, 양 가락이 다 절단되었으며, 그 아픔을 잊고 더욱 진 뒤에서 독전督戰하다가 6월 27일 순역巡域 중 적의 유시流矢에 맞아 순국하니, 부장副將인 정윤근鄭允謹은 공의 직을 이어 선산先山인 현재의 정읍시 산외면 정량리 차일산에 장례하여 지금에 이른다.

여흥민씨 선산 22정보町步의 임야는 나라에서 하사下賜하였다. 민여운의 아들이 시묘를 위해 지금의 산외면 능암菱岩에 정착하여 그 손이 이어져 후대에 이르렀다. 그의 현손玄孫 때 절손絶孫하여 큰댁의 손자인 진태鎭泰를 입양하여 오늘에 이른다. 이후 김[민]진태의 생가 동생인 김[민]진오鎭五가 산외면 정량리에 정착하여 그 손이 이어져 이 지방에서는 속칭 능암민씨菱岩閔氏 혹은 정량리 민씨로 불리기도 한다. 묘비는 있으나 묘갈명墓碣銘은 일제강점기에 산외면 주재서의 왜경이 훼손하여 글씨를 자세히 살피기 어렵고 흔적이 보일 정도이다.

민여운 의병장과 관련한 유일한 역사 현장으로 산외면 소재지에서 가까운 거리에 있지만, 묘소 안내석[壬辰倭亂義兵將飛義將閔汝雲墓所(다리 건너 좌측 700m)]이 설치되었으나 눈에 잘 띄지 않고, 용두재에서 묘소까지 가는 데도 안내자 없이는 쉽지 않다.

민여운 의병장의 태생지이자 성장지 또는 거주지로 추정되는 산외지역의 유적지 현황이 이처럼 열악하다. 대신 의병 활동을 활발히 한 경상도 지역 유적은 분명하다. 민여운 의병장이 순국한 진주성은 온 국민이 다 아는 역사 현장이고, 석현전투지는 널리 알려지지 않았지만, 경상북도 김천시에서 주시하고 있다.

묘소 안내 표지석   위 붉은 선이 묘소, 아래 청색이 용두재

석현전투지[石峴戰鬪址]

정의

임진왜란 때 김천시[지례현知禮縣] 구성면 상좌원리 돌고개[석현]에서 벌어진 김천의 대표적 전투

개설

이 석현전투로 인해 고개는 돌모리로 불리게 되었으며, 면 이름도 석현면으로 불리게 되었다. 석현[돌고개]은 조선 시대에는 김산군, 지례현의 접경을 이루었다. 조선 시대에는 지례현 하북면에 속한 상좌원리는 1914년 석현면에 편입되어 상좌원과 도동, 원앞을 통합하여 하원리가 되었다. 구미의 석현면 면청사가 유실되어 석현 과곡면과 합하여 지례현의 옛 이름인 구성면이라 하였다. 지금도 석현 산마루에 돌무덤이 묻혀 있다.

역사적 배경

경상도 지역을 장악한 왜상 모리 데루모토毛利輝元는 개령현에 주둔하여 왜군 후방 사령부를 설치하여 경상도 일원의 치안을 담당하면서 군정을 실시하였다. 당시 개령의 주둔 왜병은 3만~4만 명으로 추산되었다. 이에 인근의 의병 군진이 호남의 일부 의병군과 합동 작전을 통해 왜군 후방 사령부를 토멸하려고 하였다.

김면金沔 의병 대장을 주축으로 한 2,000명의 병역은 상좌원에 포진하고, 의병장 최경회崔慶會와 <u>의병장 민여운閔汝雲 예하 1,000여 명은 웅현[거창군]을 경유하여 개령으로 집결하고</u>, 지례에 있는 의병과 경상도의 승병은 남쪽을 돌아 개령으로 진군토록 하였다. 호서의 의병군은 우치현[우두령]에서 왜의 내원군을 막는 한편, 상주의 의병군은 상주 통로를 막는 가운데 김면의 본진군이 개령 왜군 사령부 동쪽 산에 숨어 올라가 횃불로 신호하면 김함 · 정유회 · 김몽린의 군병과 좌우 돌격장의 병졸이 일시에 공격한다는 작전 계획을 세웠다.

11월 25일 날이 밝자 개령의 왜군이 먼저 거창을 향해 진군한다는 첩보를 접하고 이곳을 먼저 공격하기로 하고 돌고개, 즉 석현의 산 위에 매복하여 접근하는 왜군을 공격하여 석현전투가 벌어지게 되었다.

경과

석현의 산 위에 매복한 의병군은 미리 쌓아 두었던 돌을 산 아래 왜군에게 투척하고 활을 쏘았다. 이 전투는 쌍방 간 진격과 후퇴가 세 번이나 거듭될 정도로 격렬하게 벌어졌는데, 결국 왜군이 물러남으로써 끝이 났다. 석현의 전투에서 계원장 김충민과 함양의 정병 최운의 노비 억복이 말탄 왜장을 사살하는 전과를 올렸다. 아군의 경우도 군관 유사홍이 전사하고, 장암 의병장 권응성權應聖이 전사한 것으로 전해진다.

◀ 석현전투지에서 수습한 돌. 인근에 있는 감천(甘川)에서 가져와 전투에 사용한 것으로 추정한다.

▼ 석현전투 산기슭은 황악산에서 김천쪽으로 흐르는 감천(甘川)을 접하는데, 그때 이 강에서 돌을 백성들과 함께 산 능선으로 밤새 옮겨 놓았다고 한다.

1983년 금릉군에서 발간한 『내 고장 우리 향토』에 "이날 작전 계획에 따라 호남 출신 의병대장 최경회와 역시 호남에서 거병한 의병대장 첨정 민여운이 그 휘하 1천여 명을 거느리고 상좌원에 진을 쳤다, … 중략 … 적이 돌고개에 다다랐을 때, 산에 숨어있던 3천여 명의 군사가 일시에 활을 쏘고 밤새 산더미처럼 모아 두었던 돌을 던지면서 공격하였다."라며, 김면의 본진군 2천 명과 호남 의병 1천 명이 석현전투를 치렀음을 기록하였다.

진주성 전투지

2차 진주성전투(晉州城戰鬪)는 1593년 6월 19일부터 29일까지 조선군(의병 포함) 3,400여 명, 일본군 93,800여 명이 진주성을 두고 공방을 벌인 처절한 전투였다. 그 결과 진주성이 함락당하고, 창의사 김천일과 경상우병사 최경회·충청 병사 황진·의병장 민여운 등이 전사하고, 진주성과 인근에 거주하던 6만여 명이 학살당하였다.

2차 진주성 전투 때 민·의병·관군이 장렬히 순절한 후 진주성내에 제단을 설치하고 매년 6월 29일에 제사를 지냈다. 처음에는 김천일·황진·최경회 등 세분을 모셨는데, 차츰 추가되어 현재 39위를 모시고 있다. 1607년(선조 40) 경상도 관찰사 정사호鄭賜湖(재임 기간 1607.4.~1607.11.)가 사우祠宇를 창건하였다. 그러나 의병장 민여운과 정윤근의 신위는 없다.

정당正堂

충무공 김시민, 문열공 김천일, 무민공 황진, 충의공 최경회, 효열공 고종후, 주부 유복립(이상 6위)

동사東祠

승지 양산숙, 참의 김상건, 병조판서 김준민, 병조참의 강희열, 병조참의 조경형, 병조참의 최기필, 주부 유함, 호조좌랑 이욱, 호조좌랑 강희복, 호조좌랑 장윤현, 병조참의 박승남, 병조좌랑 하계선, 호조좌랑 최언량, 무열공 주몽룡, 도총관 주대청(이상 15위)

서사西祠

참의 이잠, 참의 성영달, 병조참의 이종인, 참의 윤사복, 호조좌랑 이인민, 호조좌랑 손승선, 군자감정 정유경, 좌승지 김태백, 호조좌랑 양제, 호조좌랑 박안도, 병조참의 이의정, 도총관 행부장 김개, 사복 송건도, 예조정랑 정재보, 수문장 박세항, 병부판부 송제, 형조판서 김덕련, 칠만 민관군 신위(이상 18위)

3. 선양사업의 방향과 방안

1) 방향

임진왜란을 직접 겪으며 현장에서 숱한 역할을 담당한 류성룡은 『징비록懲毖錄』을 남겼다. 책의 이름을 『징비록이라 한 이유는 "지난 일을 징계하여 앞날을 대비한다."라는 것이었다. 즉 지난 일들에 대해서 철저히 분석하여 대비책을 마련하고, 앞날을 준비한다는 뜻이다. 따라서 우리가 역사를 배우고, 민여운 의병장의 삶을 기억하고 선양하는 이유도 여기에 있다.

일반적으로 역사 인물을 중심으로 한 선양(기념)사업의 주체는 후손(문중)·연구자(단체)·지자체로 볼 수 있다. 후손의 자발적인 선양사업이 먼저일 수도 있고, 연구자의 제안을 받은 지자체가 추진할 수도 있으며, 제삼자의 제보나 제안받은 지자체장의 의지로 추진하기도 한다. 그런데 후손이 없는 경우, 연구자(단체)나 지자체 또는 국가 차원의 선양(기념)사업을 추진하기도 하는데, 해당 인물의 지명도知名度는 물론 국민적 관심과 인지도認知度가 높은 경우이다.[20] 후손이 있어도 사정이 여의치 못한 경우와 연구자(단체)의 관심과 연구 성과가 있어도 지자체가 외면하면 지지부진하다. 따라서 후손과 연구자(단체) 그리고 지자체가 공동으로 추진하는 것이 가장 바람직하다. 드문 경우이기는 하지만, 특정인(개인)의 노력으로 결실을 낳기도 한다.

임진왜란 당시 전라도에서 창의한 의병의 다수는 전라도보다 다른 지역에서 전쟁을 수행하였다. 이에 관해서는 다음과 같이 정리한다.

> 경상우도의 의병은 … 중략 … 대부분 각자의 주둔 지역을 중심으로 자신들의 의병부대를 이끌고 독립적으로 활동을 전개하였다. 특히 곽재우 의병은 그 독립적인 성격이 더 강하였다. … 중략 … 이들은 향토방위를 주된 목적으로 하여, 대부분 거주지를 중심으로 그 인근 지역에 활동하였다.
>
> 반면 호남 의병은 영남에 비해 부대의 규모가 컸고, … 중략 … 호남 의병은 주현 단위의 유력자를 중심으로 조직을 이룬 다음, 유력 의병장을 중심으로 재결집하여 대규모의 부대를 결성하는 양상을 보였다. … 중략 … 영남 의병이 지역 단위의 향토방위를 우선한 데 비해, 왜군의 직접 침입을 받지 않았던 호남 의병은 '근왕勤王'이 거병의 목적이었기 때문에, 의병 결집의 지역적 범위가 넓어졌고, 그 결과 의병부대의 규모도 영남 의병보다 더 커지는 양상을 보였다.

---

20 그러나 홍범도 장군의 경우, 고향이 평안도이고, 후손마저 끊겼으며, 북한 정권의 보이지 않는 기피로 인해 유해 봉환이 더디게 진행되었다.

또한 호남 의병은 전라도가 직접적인 전쟁터가 아니었기 때문에 전라도 이외의 지역에서 활동한 것이 대부분이었다. 호남 의병의 활동은 크게 근왕을 위해 서울·경기로 북상한 경우와 경상도로 진출해서 영남의 군대와 연합 작전을 펼친 경우로 나누어 볼 수 있다. 전자에 해당하는 것이 고경명, 김천일의 의병 활동이고, 후자에 해당하는 것이 1, 2차 진주성 전투에 참여한 것이다.[21]

여기에는 다음과 같은 정황에 주의할 필요가 있다. 경상도 지역은 일본군의 서울 점령을 위한 공격로에 있었으므로 경상도 의병은 곧바로 일본군의 침략에 맞서는 것이 급선무였다는 점, 반면에 호남 의병은 창의와 조직을 꾸리는데, 시간적·공간적 여유가 있었다는 점이다. 특히 임진왜란 초기에 웅치와 이치 전투, 그리고 이순신의 수군이 일본군의 전라도 침공을 막아내면서 전라도 의병이 전라도에서 전투를 벌이는 경우는 경상도에 비해 상대적으로 적었다. 따라서 석현전투를 비롯하여 진주성 1차 전투와 2차 전투에 민여운 의병장을 비롯하여 호남 의병이 참전한 정황을 이해할 수 있다.

우리가 민여운 의병장을 비롯하여 국난에서 순국한 분들과 참여자들을 기억하고 기념하는 것은 앞서 언급한 바와 같이 앞날을 대비하는 데 있다. 따라서 민여운 의병장 선양사업의 궁극적인 목적도 이와 다르지 않다. 다만 이를 수행하는 방향은 어떻게 설정하느냐에 따라 성패가 달라질 수 있을 것이다. 따라서 우리는 앞서 언급한 바와 같이 후손의 역할[연구 토대가 될 사료 제공 및 안내], 연구자 역할(학술연구), 지자체 역할(예산 지원[보조]·교육·홍보 등) 등 3자의 역할 분담과 책임이 적절하게 조화를 이룰 때 가능하다고 본다.

---

21 국사편찬위원회, 「의병(조선) 나라를 지키기 위해 칼을 들다」, 『우리 역사 넷』.

2) 방안

　현재 정읍시가 동학농민혁명에 집중하고 있음을 감안(勘案)하고, 이를 확장하여 정읍 민족운동(동학농민혁명·임진왜란과 대한제국기 의병·일제강점기 독립운동 등)으로 정립하는「정읍 민족운동 기초조사 및 기본계획(안)[master plan]」을 수립하고, 이를 토대로「종합계획을 수립하여 단계적으로 기념사업을 추진하는 것이 바람직하다. 그리고 정읍지역 의병 기념사업 현황을 파악하는 작업이 필요하다. 즉「정읍지역 의병 기초조사」→「기념사업 기본계획」수립 → 기념사업 추진이다.

　다만 민여운 의병장과 관련해서는
　①안 민여운 의병장 단독 기념사업
　②안 태인지역 임진왜란 의병[장]과 함께하는 기념사업 : 정윤근·안의·
　　손홍록·김후진·김제민 등
　③안 석현전투 참여자 포함
　④ 진주성 2차 전투 참전 의병[장] 기념사업(교류와 연대, 협의체. 전국 의병기념사
　　업 등)
등으로 나누어 검토한 뒤 세부 계획을 수립하여 추진하는 방안을 병행할 필요가 있다.

　분야별 선양사업으로
- 학술 : 의병장 민여운 관련 문헌 조사 연구 발간(개인 행장이나 문집 등 발굴). 나아가 태인 의병(정윤근, 김후진, 김제민 등) 유적을 발굴하고, 강좌와 답사 등 역사교육 프로그램 개발과 운영에 필요한 자료를 제공한다. 민여운 의병장의 특징과 역사 문화 콘텐츠 활용 - 지역문화 정체성 함양, 지역 정체성 확립
- 교육 : 문중 후손을 대상으로 하는 교육을 시작으로 산외와 칠보, 그리고 정읍시민을 대상으로 하는 교육 프로그램을 수립하여 추진. 의병(충절)

을 주제로 한 역사교육프로그램을 개발하여 역사 시민 강좌를 개설하고, 관련 유적지 답사프로그램을 진행, 지역민의 지역 역사문화 정체성을 함양한다. 현재 문화재청에서 지원하는 생생문화재사업 등을 통해 더욱 효율적으로 운영할 수 있을 것이다.

- 답사 : 역사 현장 답사는 감정을 가진 이들에게 절대적으로 필요한 과정인데, 그것은 몸과 마음으로 동시에 느낄 수 있는 과정이기 때문이다. 산외 지역 의병을 중심으로 한 역사 문화 탐방로를 산행(등산)코스로 연결하여 개설 및 정비가 필요하고, 나아가 의병 창의에 관한 기록화 및 옥외 오디오 가이드 등의 설치를 통해 자연스러운 역사 탐방로 기능을 부여할 수 있다.

- 역사 문화 콘텐츠 개발 : 둘레길. 태인 칠보 역사 문화 탐방로[무성서원, 불우헌 정극인(상춘곡) 묘소, 고현동향약 동각, 유상대 터, 송정, 시산사, 태산선비문화사료관, 안의 손홍록 묘소 및 유적, 남천사 등]

- 홍보 : 먼저 정읍시에서 추진하고 있는 '정읍 이달의 역사 인물'에 선정될 수 있도록 하고, 이를 계기로 홍보 자료를 제작하여 배부한다.

- 유적지(태생지 · 묘역 · 전투지) 정비 및 조형물 설치

현재 민여운 의병장과 관련한 유적지는 여홍민씨 재실인 용두재와 묘소가 있다. 그러나 이 장소를 찾아가는 데 필요한 이정표는 물론 안내판마저 설치되지 않아 민여운 의병장에 관한 간단한 약력마저 볼 수 없다. 인근 평사리 노은마을에 건립한 '충의정'에 민여운 의병장에 관한 간단한 약력 소개가 있지만, 이곳은 유적지가 아니라 후대에 조성한 공동 시설물이다. 따라서 묘소와 용두재 정비가 우선되어야 할 것이다.

현실적으로 가능한 범위에서 묘소와 재실(용두재) 정비사업을 세우고, 전투지는 해당 지자체와 협의하여 추진할 수 있다. 기념비와 표지석 설치 등은 기초적인 기념사업의 하나이다. 조형물을 비롯한 상징적인 기념물을 건립하

되, 궁극적으로는 개별보다 산외 칠보지역 의병, 또는 정읍지역 의병을 망라한 기념공원(가칭 정읍 민족운동 기념공원 등)을 조성할 필요가 있다.

● 정읍 의병 합동 추모제

전라북도에 의병과 독립운동 전문연구자가 부재한 상황이고, 전라남도 나주시에 건립 중인 「남도의병역사박물관」이 완공될 경우, 의병 독립운동에 관한 연구와 기념사업은 자칫 소외당할 가능성이 크다. 전라북도 차원의 전북 의병 합동 추모제와 기념사업의 추진이 바람직하지만, 먼저 정읍 의병 합동 추모제를 추진할 필요가 있다.

민여운 의병장과 관련하여 단일 추모제를 개최할 경우 "삽혈동맹歃血同盟[22]을 하면서 스스로 비의장飛義將이라 칭하고, 군기軍旗의 장표章標를 '웅熊' 자로 삼았다."라는 기록을 참조하여 이벤트를 제안한다. (시향일 : 매년 양력 11월 첫째 주 토요일)

이와 함께 2차 진주성 전투 순국선열 신위를 모신 창렬사에 민여운 의병장을 추가하는 노력이 있어야 한다.

4. 결어

임진왜란 당시 전쟁의 승패를 좌우하는 여러 전투가 벌어졌지만, 2차 진주성전투는 승패를 떠나 우리 민족의 애국애족 정신과 국난 극복을 그대로 보여준 대혈전이었다. 비록 관군과 의병, 백성의 결사항전決死抗戰에도 진주성이 함락당하고 6만의 백성이 학살당한 비극이자 참사였지만, 그 역사 현장은 물

22　손가락을 잘라 피를 내어 모은 다음 함께 나누어 마시는 의식.

론 그 정신은 오늘날에도 면면히 이어져 오고 있다. 그 현장에서 민여운과 정윤근 의병장이 순국하였다.

    그러나 오늘날 너무나 아쉽고 안타까운 것은 민여운과 정윤근 의병장이 2차 진주성전투 순국 39위에 포함되지 않았다는 사실이다. 2차 진주성전투에서 순국하거나 희생당한 이들을 기리는 창렬사彰烈祠에 아직도 배향되지 않았다는 사실은 문중의 후손은 물론 우리 모두의 부끄러운 자화상이라 하지 않을 수 없다. 만시지탄이지만 이제라도 민여운·정윤근 의병장을 비롯하여 함께 순국한 모든 이들이 배향되도록 후손의 도리를 다해야 할 것이다. 이를 위해서 먼저 「임진왜란 민여운·정윤근 의병장 기념사업회」 창립을 제안한다.

참고 자료

■ **정읍시 이달의 역사 인물[2021.04.~현재]**

정읍시가 2021년 4월부터 '정읍 역사 정체성 찾는다.'라는 취지와 '인문·역사적 가치·시민 자긍심 고취'하겠다는 목적으로 추진하는 '이달의 역사 인물'에 민여운 의병장을 선정하여 홍보하는 방안 필요하다. 정읍시는 매달 정읍을 빛낸 역사 인물을 두 명씩 선정해 정읍의 인문·역사적 가치와 위상을 높이고, 시민들의 자긍심을 고취하겠다고 밝혔다. 선정된 역사 인물에 대해서는 포스터와 리플릿 등을 제작해 읍면동과 유관 기관, 각급 학교 등에 배부하고, 시 홈페이지 등을 활용해 홍보할 계획을 세우고 추진하고 있다.

[문화예술과 문화사업팀] 2021-04-14

2023년

2022년

   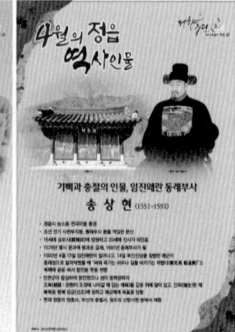

2022년   2021년

그러나 아래와 같이 특정 인물에 관한 소개에서 오류가 발견되기도 한다. 이에 대한 충분한 검토가 필요하다.

~ 휘하에
개항기
제1차 동학농민혁명 백산에서
5월 6일 전주성에 입성
전주화약
전라도 53개 군현에 집강소 설치하던 시기에
전봉준과 함께 집강소 설치를 감독
나주의 집강소를 담당해 행정을 감독
태인에서 7,000명의 농민군을 이끌고
1895년 3월 29일 … 사형판결을 받음

• 오봉 김제민 선생 기념사업회, 정기총회 및 학술발표회

임진왜란 당시 태인지역 의병장 및 관련 인물

• 정윤근鄭允謹(1530~1593)

조선 중기의 의병. 임진왜란이 일어나자 의병과 군량·병기를 모집하였고, 진주성에서 싸우다 전사하였다.

본관은 경주慶州, 자는 중흠仲欽이다. 1530년(중종 25) 태인 고현내古縣內(지금의 전라북도 정읍시 칠보면)에서 출생하였다.

1592년(선조 25) 임진왜란 때 현령 민여운閔汝雲(?~1593)과 함께 태인에서 의병과 군량·병기를 모집하였고, 의병장으로 추대된 민여운 의병대의 부장副將이 되었다.

1593년 6월 진주성晉州城에 들어가 김천일金千鎰(1537~1593), 최경회崔慶會 등과 함께 진주대첩을 치렀다. 민여운이 전사하자 대장 역할을 대신 맡아 분투하였으나 그 역시 전사하였다. 사후 군기시주부軍器寺主簿에 추증되었다.

[출처 : 네이버 지식백과(두산백과 두피디아)]

- 안의安義(1529~1596)

조선 중기의 의사義士. 임진왜란이 일어나자 군량과 포목 등을 거두어 의병 진영에 보내고, 전주에 있던 태조영정과 왕조실록을 내장산의 용굴로 옮겨 보호하였다.

본관은 탐진耽津, 자는 의숙宜叔, 호는 물재勿齋이다. 태인현 동촌면(현 정읍시 옹동면)에서 출생하였고, 일재 이항李恒(1499~1576)의 문하에서 공부하며 학덕을 갖추었다.

1592년(선조 25) 임진왜란 때 의곡계운장義穀繼運將이 되어 군량 300석, 목화 1,000근, 종이 등을 모으고, 스스로 쌀과 포목을 내어 절반은 임금의 피난처인 의주 행재소에, 절반은 의병장 민여운閔汝雲(?~1593)의 진중에 보냈다.

손홍록孫弘祿과 함께 전주 경기전慶基殿의 태조 영정과 사고史庫에 있던 왕조 실록을 내장산의 용굴龍窟로 옮겨 지켰는데 안의는 이때의 기록을 수직일기守直日記(난중일기)로 남겼다. 후에 선교랑활인서 별제宣教郞活人署別提에 제수되었다. 전라북도 정읍시 칠보면 시산리 844번지에 있는 남천사藍川祠(전라북도 문화재 자료 제154호)에 배향되었다. [출처 : 네이버 지식백과(두산백과 두피디아)]

- 김후진金後進(1540~1620)

조선 중기의 학자이다. 경학과 역학에 해박하였으며, 임진왜란 때는 군량을 모아 의병의 군진에 보냈고, 의주에 몽진한 선조의 행재소에 수백 섬의 곡식을 바쳤다.

본관은 강진康津이고, 자는 비승丕承, 호는 원모당遠慕堂·사재思齋 또는 연담蓮潭이다. 전라도 태인泰仁 고현내古縣內에서 태어났다. 개국공신 회련懷鍊의 후손이며, 일재一齋 이항李恒의 문인門人이다.

1592년(선조 25) 임진왜란이 일어나 이귀李貴가 장성長城에서 의병을 모집하자 이에 참여, 군량을 모아 장성남문長城南門의 의청義廳에 보냈다. 이듬해에는 장정 100여 명을 거느리고 의주義州에 가서 몽진蒙塵한 선조를 배알한 다음,

수백 섬의 곡식을 모아 행재소行在所에 바쳤고, 의병 고경명高敬命과 민여운閔汝雲의 의병소義兵所에도 군량을 보냈다. 또 면綿 수천 근을 사다가 옷을 지어 명나라 군진軍陣에 보내니, 군자감직장軍資監直長에 가증加贈되었다.

그는 『가례家禮』, 『심경心經』, 『근사록近思錄』 등 성리서性理書를 탐구하였고, 부모의 거상居喪 중에는 각각 3년 동안 시묘侍墓하였다. 군기시정軍器寺正에 추증되었으며, 정읍시 칠보면七寶面의 남천사南川祠에 배향되었다. [출처 : 네이버 지식백과(두산백과 두피디아)]

- 백광언白光彦

호는 풍암楓巖, 시호 충민忠愍, 본관은 해미海美. 태인泰仁 출신. 일찍이 무과에 급제하고, 당상관에 올랐으나 정여립鄭汝立의 권세가 높아지자 도내道內의 문무사류文武士類가 모두 이와 결탁하려 하였으나 백광언만 동조하지 아니하여 미움을 받아 1589년(선조 22) 북청판관北靑判官으로 체직遞職되었다.

1592년 모친상을 당하여 태인에 머무르고 있는 중 임진왜란을 만나 전라감사 겸 순찰사全羅監司兼巡察使 이광李洸의 조방장助防將이 되었다. 이때 이광이 전라도 병사 8,000명을 이끌고 공주까지 북상했다가 서울이 함락되었다는 소식을 듣고 퇴군하여 전주에 이르자 백광언은 "군부君父께서 서쪽으로 파천播遷하셨는데 공은 수하에 많은 병력을 거느리고 퇴군하여 싸우려 하지 않으니 이 무슨 연고이시오."라고 꾸짖어 북상할 것을 약속받고 다시 2만 여 군사를 모아 전열을 재정비한 뒤 수원을 향하여 진격하였다.

용인성龍仁城 남쪽 10리에 이르러 우군선봉장이 된 백광언은 좌군선봉장 이지시李之詩와 함께 문소산文小山의 적진을 협공하였으나 패전하여 모두 전몰하고 말았다. 이 싸움에서 승리하면 여세를 몰아 서울을 수복할 것으로 기대하였던 행재소行在所에서는 패전 소식을 들은 뒤 평양을 떠나 의주로 향하였다. 1834년(순조 34) 병조판서에 추증되고, 모충사慕忠祠에 제향되었다. 시호는 충민忠愍이다. [출처 : 한국민족문화대백과사전]

부록
의병장 민여운 선생
관련 사료

『임계기사壬癸記事』(1592~1593) 기록

○ 安義孫弘祿爲義穀都有司時 別錄

癸巳九月 募取 白米五百石 木花四百斤 細木一疋 白綿紬一疋 壯紙卄卷

自出 白米五百二石二斗 木花百斤內 白米三百卅八斛七斗 木花五百斤 白綿紬一疋 細木一疋 壯紙卄卷 全羅道他義穀未送之前 先送義州行臺(物目成册 踏印本縣 在戶曹)

餘分送高崔閔三義兵大將

送勇健奴三名于前府使高敬命大將

送勇健奴三名于前府使崔慶會大將

送勇健奴二名于前縣令閔汝雲大將

崔義兵軍功磨鍊時 報巡察使道成册內 泰仁幼學安義孫弘祿 自恨以儒生不能赴戰 自 募代送勇健壯奴太福孟斤 其爲國誠心 極爲可嘉

閔義兵 報奴秋同射殺賊 (落字) 射中二

體察使 柳成龍

副察使 金鑽

巡察使 權慄

體察使 鄭澈

穀物募取記

前郡守 金福億	白米平二石十斗
前主簿 金慶億	白米平二石
安義	白米平二十石 木花一百斤
孫弘祿	白米平二百十二石二斗 木花一百斤

金後進	白米平二十石十斗
金知白	白米五斗
李守一	白米平一石
金大立	白綿紬一疋
鄭思謙	木花四百斤
宋昌	細木一疋
官奴 扇匠 莫終	大壯紙 卄卷

○ 泰仁閔義兵 軍粮勸諭文

都繼運將 泰仁幼學安義孫弘祿 痛哭渾淚 再拜謹告于大小人員 伏惟 我朝禮義之國 主上 聖明之君也 是以德洽一國 化及遠夷 遠夷之國感而服之者 其來久矣 不意今者蠢蠢倭賊 乘我昇平日久 大小恬憘 侵陵我郊畿 魚肉我生靈 使二百年祖宗宗社盡蕩爲灰燹 使我堯舜之聖主 播越於天西千里之外 嗚呼 爲臣民者 孰不切齒腐心 欲擧其肉哉 思之其罪 其罪不容誅 曷勝痛哉 孔子曰 微管仲 吾其爲披髮左袵 孟子曰 夷狄不可與中國 況君父之讐 不可共戴一天也 則其可甘爲異類而同處一國乎 嗚呼 値此危亂之日 孰能仗忠奮義以雪其恥以洗其辱乎

前龍潭縣令 閔公汝雲 有仁有德之將也 其雄謀忠略 特出於湖南 郭汾陽之受拜回紇 崔致遠之檄走黃巢 可復見於今日矣 其爲大將不 (落三四字) 與敵愾同志之士 倡義振旅 人皆影從而響 (落三四字) 千矣 勢如破竹 談笑可擊 第凶荒連年 軍 (落三四字) 嗟ユ難 可辦 願有忠義慷慨之心者 毋惜數斛之穀 數疋之布 給我義兵 使之恢復 雪一國之恥 報君父之讐 千萬幸甚

慷慨作詩三絶 詩曰

聖繼神承二百年 那知金闕鎖腥烟 當時害物跳梁罪 直斬其頭祭彼天

孔曰成仁孟曰義 臣民當死爲吾君 臨危財寶何須惜 恢復如今在義軍

美人何處彼西方 遙望天涯淚自滂 一倡義兵能雪恥 願君毋惜數升粮

扈從時 慷慨吟成四韻

聖繼神承二百春 不料金闕鎖腥塵 怏怏眞殿栖岐下 呾呾前旒寓漆濱
義士荷戈忘雨雪 腐儒嘗膽守昏晨 後來天道還歸順 佳氣蔥蘢繞紫宸

○ **안의와 손홍록이 의곡義穀 도유사都有司가 되었을 때의 별록別錄**

계사년(1593) 9월에 백미 500섬, 목화 400근, 세목 1필, 흰 명주 1필, 장지 20권을 모취募取함. 스스로 백미 202섬 2두, 목화 100근을 출연함. 그 안에 백미 338곡斛 7두斗, 목화 500근, 흰 명주 1필, 세목 1필, 장지 20권을 전라도 다른 곳에서 의곡義穀을 아직 보내지 않을 때 의주義州 행재소에 보냄. 〈물목 성책物目成冊에 본현本縣 관인官印을 찍었는데, 호조戶曹에 있음〉 나머지는 나누어 고경명高敬命, 최경회崔慶會, 민여운閔汝雲 세 명의 의병대장에게 보냄.

용감하고 건장한 사내종 3명을 전 부사前府使 고경명 대장에게 보냄.
용감하고 건장한 사내종 3명을 전 부사 최경회 대장에게 보냄.
용감하고 건장한 사내종 2명을 전 현령前縣令 민여운 대장에게 보냄.

최의병崔義兵(최경회)의 군공軍功을 마련磨鍊(헤아려 갖춤)할 때 순찰사에게 보고하는 성책成冊 내용 안에 '태인의 유학 안의와 손홍록이 유생으로서 전쟁터에 나아가지 못함을 한스럽게 여겨 스스로 모집한 용감하고 건장한 사내종 태복太福과 맹근孟斤을 대신 보냈으니, 나라를 위한 지극정성은 매우 가상하다. 민의병閔義兵(민여운)이 사내종 추동秋同이 활을 쏴 왜적을 사살(글자 원문 빠짐)

체찰사體察使　유성룡柳成龍

부찰사副察使　김찬金鑽

순찰사巡察使　권율權慄

체찰사體察使　정철鄭澈

〈곡물 모취기穀物募取記〉

전 군수前郡守 김복억金福億　　　백미白米 평平 2섬 10두斗

전 주부前主簿 김경억金慶億　　　백미 평 2섬

안의安義　　　　　　　　　　　백미 평 20섬, 목화 1백근

손홍록孫弘祿　　　　　　　　　백미 평 212섬 2두, 목화 1백근

김후진金後進　　　　　　　　　백미 20섬 10두

김지백金知白　　　　　　　　　백미 5두

이수일李守一　　　　　　　　　백미 평 1섬

김대립金大立　　　　　　　　　흰 명주 1필

정사겸鄭思謙　　　　　　　　　목화 4백근

송창宋昌　　　　　　　　　　　세목細木(올이 가는 무명) 1필

관노官奴 부채 만드는 장인[扇匠]　막종莫終 대장지大壯紙 20권

○ 태인泰仁 민의병閔義兵(의병장 민여운의 의병부대)의 군량 권유문軍糧勸諭文

　도계운장都繼運將 유학 안의와 순홍록이 통곡하며 눈물을 닦고 두 번 절을 하고 대소신료들에게 삼가 다음과 같이 고합니다. 삼가 생각건대 우리나라는 예의의 나라이며 주상전하는 성스럽고 현명하신 군주입니다. 이 때문에 성덕이 온 나라에 넘치고, 교화가 먼 오랑캐까지 파급되었습니다. 먼 오랑캐 나라에서 이를 감격하여 복종한 지 그 유래가 오래되었습니다.

　뜻하지 않게 지금 못된 왜적들이 우리나라의 오랫동안 태평성대가 오래되고 대소 신민들이 편안히 여김을 틈타 우리나라 경기지역 까지 침범하여 우리 생령을

어육으로 만들었습니다. 이백여 년 조정의 종묘사직이 다 사라져 잿더미가 되게 하였고 요순 같은 성군께서 하늘가 천리 밖에까지 파천하게 되었습니다. 아 신민이 되는 자가 어떤 사람인들 누군들 절치부심하며 그 왜적을 죽이고자 하지 않겠습니까. 생각해보면 왜적의 죄는 죽음으로써 용납되지 못하니 어찌 그 애통함을 견디겠습니까. 공자가 말씀하기를, "관중管仲이 아니었다면 우리는 머리를 풀고 옷깃을 왼편으로 하는 오랑캐가 되었을 것이다."고 하였고, 맹자가 말씀하기를, "오랑캐는 중국에 함께 살 수 없다."고 하였습니다. 더구나 군부君父의 원수는 같은 하늘 아래에서 함께 살 수는 없으니, 그렇다면 기꺼이 오랑캐가 되어 한 나라에 함께 있어야 되겠습니까. 아, 이런 위급한 날을 당하여 누가 능히 충의를 의지하여 떨쳐 일어나 치욕을 씻을 수 있단 말입니까.

전前 용담현령龍潭縣令 **민공 여운閔公汝雲**은 인덕仁德이 있는 장수입니다. 그의 뛰어난 계책과 충성스러운 전략은 호남에서 특출났습니다. 회흘回紇을 복종시켰던 곽분양郭汾陽과 격문檄文으로 황소黃巢를 달아나게 했던 최치원崔致遠을 오늘날에서도 일을 볼 수 있을 것입니다.

그가 대장이 되어 (3, 4 원문 글자 빠짐) 적개심을 가지고 뜻을 같이 하는 선비들과 의병을 주도적으로 일으키는 사람들이 모두 그림자나 메아리처럼 따라 (3, 4자가 결락됨) 그 형세가 파죽지세로 담소하는 사이에 적을 물리칠 수 있었습니다. 다만 흉년이 이어져 군사가 (3, 4자 원문 글자 빠짐) 마련하기가 어렵습니다.

원컨대, 충의忠義의 강개한 마음이 있는 사람들은 몇 곡의 곡식과 몇 필의 베를 아끼지 말고 우리 의병에게 주어 국토를 회복하고 나라의 치욕을 씻으며 군부의 원수를 갚을 수 있도록 하심이 매우 다행이겠습니다.

강개한 마음으로 시를 짓는다. 절구絶句 3수首는 다음과 같다.

성군들이 왕위를 계승한 지 이백여 년

궁궐에 오랑캐 연기 가득할 줄 어찌 알았으리.
지금 사람을 해치고 날뛰는 저 왜적들의 죄
곧장 머리를 베어 저 하늘에 제사를 지내리라.

공자는 살신성인, 맹자는 의리를 말씀하셨지.
신하와 백성들은 임금님을 위해 죽어야 하리.
위급할 때 재물을 어찌 아낄 필요가 있으리오.
지금 나라를 회복하는 건 의병에 달려있네.

아름다운 님이여, 어디에 계시나 저 서쪽이로다.
멀리 하늘가를 바라보며 눈물을 펑펑 흘리노라.
의병을 한번 일으키면 치욕을 씻을 수 있으니
원컨대, 그대들이여 몇 되 양식을 아끼지 마소.

호종扈從(어진御眞을 모시고 따라감)할 때 강개한 심정을 사운四韻으로 읊조려 씀.

성군들이 왕위를 계승한 지 이백여 년
궁궐에 오랑캐 먼지가 가득할 줄 생각지 못했네.
즐겁지 않구나, 어용이 기산 아래에 깃들이고
탄식하는 면류관 쓴 임금은 칠수 물가에 있구나.
의병은 창을 메고 눈과 비를 잊고 있는데
이 못난 선비 충정으로 아침저녁 수직을 했네.
훗날, 천도가 다시 올바르게 돌아오면
아름다운 푸른 기운이 대궐을 감싸리.[1]

---

1   자료 제공 : 이용찬.

『선조왕조실록』 선조 26년(1593) 계사 7월 16일(무진)

　이때 변보邊報가 매우 위급하자, 창의사倡義使 김천일金千鎰이 군사 3백 명을 거느리고서 6월 24일 진주로 달려 들어갔고, 충청병사 황진黃進이 7백 명, 경상우병사 최경회崔慶會가 5백 명, 의병복수장義兵復讎將 고종후高從厚가 4백 명, 부장副將 장윤張潤이 3백 명, 의병장 이계련李繼璉이 1백여 명, 의병장 변사정邊士貞의 부장이 3백 명, **의병장 민여운**閔汝雲이 2백 명의 군사를 거느리고서, 이미 먼저 와서 본부목사本府牧使 서예원徐禮元과 김준민金浚民·이종인李宗仁 등과 수성守城을 의논하고 있었다.

『선조수정실록』 선조 26년(1593) 6월 1일(갑신)

　이윽고 심유경이 적영賊營으로부터 돌아와서 또한 말하기를, "행장이 청정을 극력 저지하였으나 끝내 듣지 않았으므로 행장은 종군하지 않았습니다. 그러나 이 군사는 진주를 공격하고 그만둘 것이니 다른 걱정거리는 없을 것입니다." 하였다.

　김명원金命元이 한효순韓孝純과 더불어 심유경을 만나보고 그 군사를 중지시켜 주기를 강력히 청하니, 심유경이 말하기를, "내가 이미 행장에게 중지하도록 간청하였고 행장의 생각도 중지했으면 하나, 그 형세가 이미 이루어졌으므로 끝내 돌릴 수 없습니다. 지금은 다른 방책이 없으니 다만 여러 장수들로 하여금 성을 비우고 잠깐 피하게 하는 것이 상책입니다. 그런데 조선이 나의 말을 따르지 않으니, 나 역시 어찌하겠습니까." 하였다.

　유정劉綎이 청정에게 서신을 보내어 그가 맹약을 어긴 것을 꾸짖고 화복禍福의 이치로 타일렀으나 청정은 답하지 않았다. 이에 원수元帥가 관군과 의병에게 전령하여 나아가 진주를 지키게 하였다. 창의사 김천일은 군사 3백을 거느리고 먼저 달려가 성에 들어갔고, 충청 병사는 군사 7백을 거느리고, 경상병사 최경회崔慶會는 군사 5백을, 의병복수장義兵復讎將 고종후高從厚는 군사 4백을, 부장副將 장윤張潤은 군사 3백을, 의병장 이계련李繼璉은 군사 1백여 명을, 의병장 변사정邊士貞은 그 부장 이잠李潛을 보내어 군사 3백을 거느리게 하고, **의병장 민여운**閔汝雲은 군사 2백을, 강희열姜希悅·고득뢰高得賚·강희보姜希輔·오유웅吳宥熊 등도 모두 군사를 거느리고 왔으며, 거제현령 김준민金俊民 및 김해 부사 이종인李宗仁 등은 먼저 성안에 있으면서 목사牧使 서예원徐禮元과 수비책을 의논하고 있었다.

『복납지伏南志』 '곤坤'(1624/인조 2년, 혹은 1684/숙종 10년 추정)[2]

　　飛義將閔汝雲 與其副將鄭允謹 歃血同盟 以熊字爲軍標 守城七日 督戰不已 斬獲甚衆 身被十餘創裹創 復戰左手斷右手折 而力戰愈督忽中賊矢而死 副將允謹 代領其衆 使子昌文 收公屍歸葬於鄭之先山 奴秋同亦勇建善射者 從公入城斬獲甚多 及與公同死於賊

—『伏南志』坤篇

　　비의장飛義將 **민여운**閔汝雲은 삽혈 동맹을 한 그의 부장 정윤근과 함께 웅熊자를 군표로 삼아서 7일 동안 성을 지키며 싸움을 독려하기를 그치지 않았다. 찔려 죽거나 사로잡힌 병사들이 심히 많고, 자신의 몸에는 십여 군데 창상을 입었으나, 다시 싸워 왼손은 끊어지고 오른 손은 부러진 상황에서 힘을 다해 싸우다가 홀연히 날아온 적의 화살에 죽으니, 부장 정윤근이 병사들을 대신 이끌었으며, 정윤근은 자신의

2　임진왜란에 관한 기록물인 이 책은 이 책 2권/하권 부록에 실린 '우재(尤齋)'라는 사람과 윤극(尹極)이라는 사람이 주고받은 서간문의 작성 날짜 갑자년/1624년인 것으로 보아, 이 책이 쓰여진 년대가 1624년/갑자년 혹은 1684년/갑자년인 것으로 추정된다. 그 이유는 '우재(尤齋)'라는 호를 쓴 사람은 고령 출신 의병 이영숙(李永淑, 1564~1630)인 것으로 확인되기 때문이다. 즉, 이 책이 이 두 사람 사이에 편지를 주고 받은 당대에 기록된 것이라면 1624년/갑자년이 기록 시기일 것이고, 그보다 뒤에 쓰여진 것이라면 그 후 60년 후인 1684년/갑자년 정도가 될 것이기 때문이다.

아들 창문昌文을 시켜서 공의 시신을 거두어 돌아가 정씨의 선산에 장사를 지냈다. 가노家奴 추동秋同 또한 용감하고 건장하여 활을 잘 쏘는 자였는데, 공을 따라 성에 들어와서는 많은 적을 죽이고 잡아 들였으며, 공과 더불어 함께 적에게 죽임을 당하였다.

—『복남지』 곤편/하편

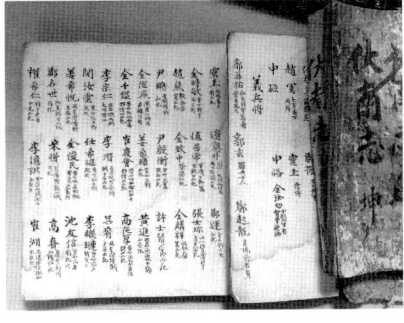
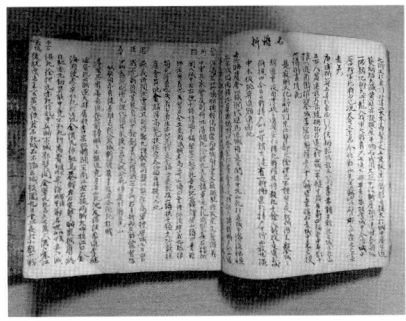

『백사집白沙集』(1629)

이때에 변보가 시급하자, 창의사 김천일金千鎰은 군사 300명을 거느리고 14일 동안 말을 달려 진주로 들어왔고, 충청병사 황진黃進은 군사 700명을, 경상병사 최경회崔慶會는 군사 500명을, 복수사 고종후高從厚는 군사 400명을, 의병장 장윤張潤

은 군사 300명을, 의병장 이계련李繼璉은 군사 400명을, 의병장 변사정邊士貞은 그의 부장 이잠李潛을 보내어 군사 300명을, 의병장 **민여운**閔汝雲은 군사 200명을 각각 거느리고 먼저 와 모였으며, 본 고을 목사 김해부사 이종인 등은 바야흐로 성을 지킬 것을 의논하였다.³

    김천일의 경우는 그 공과 마음은 고경명과 똑같으나, 그 행적은 남보다 두어 등급이 더 높은 데가 있습니다. 진주晉州가 급해진 때를 당하여, 김천일은 의병장義兵將으로서 마침 도내道內에 있었던 바, 당시에는 상장上將이 명령을 전달하거나 지휘하는 일도 없었으므로, 24일에 홀로 3백 명의 군사를 거느리고 가장 먼저 진주성晉州城에 들어갔는데, 그런 다음에야 황진黃進, 최경회崔慶會, 고종후高從厚, 장윤張潤, 이계련李繼璉, **민여운**閔汝雲 등이 풍문을 듣고 차례로 진주성을 들어가게 되었으니, 이것이 그 첫 번째 어려운 일입니다.⁴

『월파집月坡集』(1647)

○ (임진년, 1592년) 6월 12일(경자)

진군進軍하여 태인泰仁에 당도하였다.

이 고을의 전 현령 민여운閔汝雲이 정윤근鄭允謹과 더불어 향병鄕兵을 모집하여 왔다.

---

3   이항복,「백사기사(白沙記事)」,『건재 김천일 전집』, 김익두 · 허정주 옮김, 서울: 문예원, 2018, 439쪽에서 재인용.
4   이항복,「상신 이항복 헌의(相臣李恒福獻議)」,『건재 김천일 전집』, 김익두 · 허정주 옮김, 서울: 문예원, 2018, 433쪽에서 재인용.

『학봉일고鶴峯逸稿』(1649) 부록 제3권/학봉김문충공사료초존鶴峯金文忠公史料鈔存 하
『난중잡록亂中雜錄』

　　선조 26년 계사(1593) 1월 8일에 경상우도 순찰사 김성일이 장계하기를, "지난해 12월에 진주성이 장차 함락되려고 할 때, 신이 장악원첨정掌樂院僉正 조종도趙宗道와 공조정랑工曹正郞 박성朴惺을 나누어 보내어, 호남의 좌도와 우도의 의병에게 구원을 요청하였습니다. 그러자 임계영任啓英, 최경회崔慶會 두 장수는 호남과 영남은 광대뼈와 잇몸이 서로 의지하는 것과 같은 형세가 있어서 존망과 성패가 매우 긴밀하다고 하면서 즉시 군사를 거느리고 서로 잇달아 달려와 응원하였습니다. 그리고 전 주부主簿 **민여운**閔汝雲도 태인泰仁으로부터 와서 비록 진주의 싸움에는 미처 참가하지 못하였지만, 인하여 **성주**星州와 **지례**知禮의 경계에 머물러 있으면서 본도의 의병대장 김면金沔, 정인홍鄭仁弘 등과 힘을 합하여 왜적을 토벌하였는데, 여러 번 접전하여 적병을 죽인 것이 매우 많았습니다. 이에 왜적들의 기세가 자못 꺾어져서 숨어만 있고 나오지 못하고 있는바, 온 도의 사람들이 바야흐로 중하게 의지하여 함께 앞뒤에서 협격하는 형세를 이루게 되었습니다. … 후략 …

『일성록日省錄』(1799) 정조 23년 8월 22일

　　云李魯日記 有曰閔汝雲崔慶會則湖南義兵將也. 韓明胤朴以龍則湖西義兵將也, 同陣于牛旨嶺下 以禦金山知禮留屯之賊 號令嚴肅軍容克壯

　　또 이로의 일기에, "**민여운**閔汝雲과 최경회崔慶會는 호남의 의병장이고, 한명윤과 박이룡은 호서의 의병장이다. 함께 우지령牛旨嶺 아래 진을 치고 김산金山과 **지례**知禮에 남아 주둔하고 있던 적을 막았는데, 호령이 엄숙하였고 군대의 위용이 매우 장엄하였다."라고 하였습니다. … 후략 …

『호남절의록湖南節義錄』(1799)[5]

○ 閔汝雲 字龍從 驪興人 文仁公令謨後 贊成齊仁孫 慷慨有氣節志略過人 蔭敍二縣令皆有治績 任辰與同縣鄭允謹 募得鄕兵二百餘人 傳檄列邑聚糧餉治戒械 倡起義旅誓雪國恥 衆推公爲大將鄭允謹爲副將 公登壇歃血同盟 以熊字爲軍標 自號飛義將 率兵踰八狼峙至咸安等地 每遇賊必克斬獲無數 癸巳六月賊復大至 圍晋城時 公麾下義士有三百餘人 公斫指出血誓以同死仍檄勵忠義 衆皆有效死之心 乃與倡義使金千鎰 復讐將高從厚 慶尙兵使崔慶會 忠淸兵使黃進 彪義將深友信 諸公同入晋城 固守七日督戰不已斬獲甚衆 身被十餘創裹創 復戰左手斷右手折 而督勵將士 力戰愈急士皆奮力焉 二十七日巡城時 忽中賊矢而死 鄭允謹代領其衆 使子昌文收公屍歸葬鄭之先山事 聞贈左承旨綠宣武原從勳

○ 奴秋同亦勇健善射者 從公每戰斬獲甚多 同入晋城射殺賊酋二于 及亦死亦死於賊

○ 鄭允謹 字仲欽 慶州人月城君宗哲後 器局魁偉弓馬閑熟 壬辰與閔公汝雲 齊聲倡義同赴晋州 閔公爲大將公爲副將入城死守 受圍八日閔公中矢已死 公代領其兵 與崔慶會合陣督戰 氣盡手折遇害于賊 贈軍器寺主簿 子昌文搜得公屍歸葬 丁酉南原之役 昌文欲復讐 率家僅數十 哭辭廟訣其母赴賊而死 母洪氏妻鄭氏聞其死 幻着男服赴南原俱死於賊 鄭氏子夢台生纔一歲 臨行屬婢莫禮以養兒繼嗣之意諺書遣其子.

○ **민여운**閔汝雲은 자가 용종龍從이요, 본관이 여흥이다. 문인공文仁公 영모令謨의 후예로서 제인濟仁의 손자이다. 불의를 보고 참지 못하며 절개가 있고 지략이 뛰어나며 음서蔭敍로 두 고을의 현령을 지내면서 치적治績을 남겼다. 임진년에 같은

---

[5] 임진왜란을 비롯하여 정유재란과 이괄의 난 및 정묘호란·병자호란, 그리고 이인좌의 난 등에서 국난을 극복하기 위하여 의거를 일으켜 절의한 호남출신의 의적(義蹟)을 수록한 책.

현에 사는 정윤근과 더불어 향병鄕兵 2백여 명을 모집하고 고을마다 격문을 전하여 군량을 모으고 군율과 병기를 정비하여 나리의 수치를 씻고자 의병을 일으키니, 병사들은 공을 대장으로, 정윤근을 부장으로 추대하였다. 공은 단상에 올라 삽혈동맹[손가락을 베어 피를 흘려 모은 다음 나누어 마시며 맹세하는 의식]을 하고, 웅熊자를 군표로 삼고 스스로 비의장이라 불렀다. 병사들을 거느리고 팔랑치八良峙를 넘어서 **함안**咸安 등지에 이르러, 적을 만날 적마다 반드시 무찌르고 수없이 죽이고 잡아들였다. **계사년 6월** 적들이 다시 많이 몰려와서 진주성을 에워쌌을 적에, 공에게는 휘하에 삼백여 명의 병사들이 있었는데, 공은 손가락을 잘라 피를 내어 다 함께 죽기를 맹세하고 충성스런 대의를 북돋아 주니, 병사들이 모두 죽기를 각오하였다. 그리고 창의사 김천일, 복수장 고종후, 경상병사 최경회, 충정병사 황진, 표의장 심우신등 여러 제장들과 함께 진주성에 들어갔다. 성을 지킨지 7일째 되는 날 많은 병사들이 죽고 잡혀가서 전투를 독려할 상황이 아니었다. 몸에는 십여 군데 창상이 있고 또 왼손을 부러지고 오른 손을 꺾이었음에도 장사병에게 싸우기를 독려하니, 병사들이 모두 힘을 다해 나섰다. 27일 성을 순시할 적에 홀연히 날아온 적의 화살을 맞아 순직하였다. 정윤근은 대신 그 병사들을 거느리며. 아들 창문으로 하여금 공의 시신을 거두어서 정씨의 선산에 장사를 지내게 하였다. 좌승지로 증직되고 선무원종훈을 녹하였다고 들었다.

○ 가노 추동秋同 또한 똑같이 또한 용감하고 활을 잘 쏘았다. 공이 싸움에 나설 적마다 따라나서 참으로 많이 죽이고 잡아 들였다. 진주성에 같이 들어가서 적의 장수 두명을 쏘아 죽이고 공이 죽자 또한 적에게 죽임을 당하였다.

○ 정윤근鄭允謹은 자가 중흠仲欽이요 본관은 경주로써 월성군 종철의 후예이다, 그릇이 컸으며 활과 말을 잘 다루었다. 임진년에 민여운과 같이 나서서 주창하여 의병을 일으키고 함께 진주에 갔었다. 민여운이 대장, 공이 부장으로 성에 들어가서 죽음을 다하여 지켜냈다. 성이 포위 당한지 팔 일째 되는 날 민여운이 화살을 맞아 죽자 공이 대신 그 병사들을 거느리고 최경회와 합진하여 싸움을 독려하다가 기운이 다하고 손이 부러진 상황에서 적에게 해를 입었다. (죽었다) 군기시주부로 증직

되었다. 아들 창문이 공의 시신을 수습하여 장사를 지냈다. 정유년 남원에서 전투가 벌어지자 창문은 복수를 하려고 가동 수십명을 거느리고서 사당에 울면서 말씀드리고 그의 어머니를 이별하고 적있는 데로 가서 죽임을 당하였다. 어머니 홍씨와 부인 정씨는 그의 죽음을 듣고 남자의 복장으로 변장하여 남원에 함께 가서 적에게 죽임을 당하였다. 정씨의 아들 몽태夢台는 태어난 지 겨우 한 살이었는데 남원에 가려할 적에 거느리던 여종 막례에게 아이를 잘 키워서 가문을 잇도록 하고 그 뜻을 그의 아들에게 언문의 글로써 남겼다.

『호남절의록湖南節義錄』(광주향교본, 연대미상)

민여운閔汝雲 : 자字는 용종龍從이요, 본관은 여흥驪興이니, 문인공文仁公 영모숑護의 후예이요, 찬성贊成 제인濟仁의 손孫으로 기절氣節이 강개慷慨하고 지략智略이 과인過人하였으며, 음사蔭仕로 용담현령龍潭縣令이 되어 크게 치적治績을 쌓았다.

임진년壬辰年에 동향인同鄕人 정윤근鄭允謹과 더불어 향병鄕兵 이백여 인을 모득募得하여 열읍列邑에 격문檄文을 발發하여 군량軍糧과 병기兵器를 정비한 후, 사중士衆에 의하여 대장으로 추대되자 공은 개연慨然 등단登壇하여 삽혈동맹歃血同盟을 하고 웅자熊字로 군표軍標를 하여 비의장飛義將이라 자호自號하고, 팔랑치八狼峙를 넘어 함안咸安 등지等地에서 무수한 적을 참살하였다.

계사년癸巳年 6월에 적장賊將 청정淸正이 전년前年의 진주晉州 참패를 보복코자 합병合兵 수십만으로 진주를 침공하려 하매, 공은 휘하 의사義士 삼백여 인과 혈서血書로써 순국殉國할 것을 맹세하고 창의사倡義使 김천일金千鎰, 복수장復讎將 고종후高從厚, 경상병사慶尙兵使 최경회崔慶會, 충청병사忠淸兵使 황진黃進, 표의장彪義將 심우신沈友信 등 제공諸公과 더불어 진주에 입성하여 항전 칠일 동안에 십여처十餘處의 창상槍傷을 입고 좌우 손가락이 다 절단되었으되, 그 아픔을 잊고 더욱 독전督戰하다가 이십칠 일 순성중巡城中 적의 유시流矢에 맞아 순국殉國하니 정윤근鄭允謹이 공의 직직을 대섭代攝하고 자신의 아들 창문昌文으로 하여금 공의 시체를 수렴하여 귀장歸葬케 하였다. 선무원종훈宣武原從勳에 녹록錄하고 이조참판吏曹參判을 증증贈하였다.

—태인泰仁

정윤근鄭允謹: 자자는 중흠仲欽이요, 본관은 경주, 월성군月城君 종철宗哲의 후예로 기국器局이 괴위魁偉하고 궁마弓馬에 한숙閑熟하였다.

임진년壬辰年에 민여운閔汝雲과 더불어 창의倡義하고 계사년癸巳年에 진주晉州로 입성하여 부장副將으로써 성을 사수死守하다가 역전力戰 팔일八日만에 민공閔公이 전사하매 공이 민공의 대장직大將職을 대행代行하고 최경회崔慶會와 더불어 합력合力 독전督戰하다가 기진수절氣盡手折하여 적에게 우해遇害되었다. 군기시주부軍器寺主簿를 증贈하였다.

『**태인삼강록**泰仁三綱錄』(연대미상)

閔汝雲 字龍從 驪興人 贊成齊仁孫 慷慨有氣節志略過人 蔭敍二縣令皆有治績 壬辰與同縣鄭允謹 募得鄕兵二百餘人 傳檄道內聚糧治戒倡起義旅 衆推公爲大將鄭允謹爲副將 公登壇歃血同盟誓 以熊字爲軍標自號飛義將 率兵踰八狼峙至咸安所到邑 遇賊必克斬獲無數 癸巳六月賊大至圍晋城時 公斫指血誓以同死仍檄勵壯士 衆皆效死 乃與倡義使金千鎰復讐將高從厚慶尙兵使崔慶會 忠淸兵使黃進彪義將深友信同入晋城 固守十日 督戰不已斬獲甚衆 身被十餘創左手斷右手折 忽中賊矢而死 鄭允謹代領其衆收屍歸鄭之先山事 聞贈左承旨綠宣武原從勳 奴秋同亦勇健善射 同公入晋城射殺賊酋二人亦死於賊

鄭允謹 字仲欽 慶州人 月城君宗哲後 器局魁偉弓馬閒熟 任辰與閔公汝雲倡義同赴晋州 公爲副將入城死守 受圍八日閔公中矢已死 公代領其兵與崔慶會合陳督戰 氣盡手折遇害于賊 贈軍器寺主簿 子昌文搜公屍歸葬 南原之役昌文欲復讐率家僮數十 哭辭廟訣其母赴賊而死 母洪氏妻鄭氏聞其死 幻着男服赴南原俱死

於賊 子夢台生纔一歲 臨行婢莫禮以養兒繼嗣之意 諺書遺其子

민여운閔汝雲의 자는 용종龍從이다. 본관은 여흥으로 찬성을 지낸 제인齊仁의 손자이다. 기절氣節이 강개하고 지략이 뛰어났으며, 음서蔭敍로 두 고을의 현령을 지내면서 치적을 남겼다. 같은 고을의 정윤근과 더불어 향병鄕兵 2백여 명을 모집하고, 도내에 격문을 보내어서 군량를 모으고 규율을 만들어서 의병대를 일으키니, 병사들이 공을 대장으로 정윤근鄭允謹을 부장으로 추대하였다. 공은 등단하여 삽혈동맹[피를 같이 나누어 마시면서 같이 맹세함]을 하고는. 웅자熊字를 군표軍標로 삼고 스스로 비의장飛義將이라 불렀다. 병사들을 거느리고 팔랑치八狼峙를 넘어서 **함안**咸安에 있는 고을에 도착하여, 적을 만날 때마다 반드시 무찌르고 수없이 죽이고 잡아들였다.

계사년癸巳年 6월 적의 큰 부대가 진주성을 에워쌌을 적에, 공은 손가락을 베어 혈서를 쓰고 다 함께 죽자고 맹세하며 장사병을 격려하니, 병사들이 모두 죽음을 각오하였다. 창의사 김천일, 복수장 고종후, 경상병사 최경회, 충청병사 황진, 표의장 심우신과 같이 진주성에 들어가서 성을 지킨 지 7일째 되는 날, 병사들이 많이 죽고 잡혀가서 싸움을 독려할 상황이 아니였다. 몸에는 10여 군데 창상을 입었고 왼손은 끊어지고 오른손을 부러졌는데, 홀연히 날아 온 적의 화살을 맞고 죽었다. 정윤근이 대신 병사들을 거느리고 (민여운의) 시신을 수습하여 정씨의 선산에 장사를 지냈다. 좌승지로 증직되고 선무원종훈宣武原從勳에 책록되었다고 들었다. 가노家奴 추동秋同 또한 용감하고 건장하였으며 활을 잘 쏘았다. 공과 같이 진주성에 들어가서 적장 2명을 쏘아 죽이고, 역시 적에게 죽임을 당하였다.

정윤근鄭允謹은 자가 중흠仲欽이요, 본관은 경주로써 월성군月城君 종철宗哲의 후예이다. 그릇이 크고 활과 말을 잘 다루었다. 임진년에 민여운과 더불어 의병을 일으켜서 진주에 같이 다다랐다. 공은 부장으로써 성에 들어가서 죽음을 다해 지켰다. 성이 포위된 지 8일째 되는 날 민여운이 활을 맞아 죽자, 대신 그 병사들을 거느리고 최경회와 합진하여 싸움을 독려하였다. 기운이 다하고 손이 부러진 상태에서 적을 만나 죽었다. 군기시 주부軍器寺主簿로 증직贈職되었다. 아들 창문昌文은 공의 시신을 거두어서 장사를 지냈다. 남원에서 싸움이 벌어지자 창문은 원수를 갚고자 가동家僮 수십 명을 거느리고, 사당에 울면서 말씀을 올리고, 그 어머니를 이별하고 적에게 이르러 죽었다. 어머니 홍씨와 처 정씨는 그가 죽었다는 소식을 듣고, 남자의 복장으로 변신하여 입고, 남원에 가서 적에 가 함께 죽었다. 아들 몽태夢台는 겨우 한 살이었는데, 남원에 갈 적에 여종 막례莫禮에게 길러서 가문을 잇도록 하고, 그 뜻을 언서諺書로 써서 그의 아들에게 남겼다.

『김천시사金泉市史』(1999) 및 『디지털향토문화대전』(김천시) '석현전투石峴戰鬪' 기록

개요 : 임진왜란 때 김천시 구성면 상좌원리 돌고개[석현]에서 벌어진 김천의 대표적 전투.

개설 : 이 석현전투로 인해 고개는 돌모리로 불리게 되었으며 면 이름도 석현면으로 불리게 되었다. 석현[돌고개]은 조선 시대에는 김산군, 지례현의 접경을 이루었다. 조선 시대에는 지례현 하북면에 속한 상좌원리는 1914년 석현면에 편입되어 상좌원과 도동, 원앞을 통합하여 하원리가 되었다. 구미의 석현면 면청사가 유실되어 석현 과곡면과 합하여 지례현의 옛 이름인 구성면이라 하였다. 지금도 석현 산마루에 돌무덤이 묻혀 있다.

역사적 배경 : 경상도 지역을 장악한 왜장 모리 데루모토毛利輝元는 개령현에 주둔하여 왜군 후방 사령부를 설치하여 경상도 일원의 치안을 담당하면서 군정을 실시하였다. 당시 개령의 주둔 왜병은 3만~4만 명으로 추산되었다. 이에 인근의 의병 군진이 호남의 일부 의병군과 합동 작전을 통해 왜군 후방 사령부를 토멸하려고 하였다. 김면金沔 의병 대장을 주축으로 한 2,000명의 병역은 상좌원에 포진하고, 의병장 최경회崔慶會와 **의병장 민여운**閔汝雲 예하 1,000여 명은 웅현[거창군]을 경유하여 개령으로 집결하고, 지례에 있는 의병과 경상도의 승병은 남쪽을 돌아 개령

으로 진군토록 하였다. 호서의 의병군은 우치현[우두령]에서 왜의 내원군을 막는 한편, 상주의 의병군은 상주 통로를 막는 가운데 김면의 본진군이 개령 왜군 사령부 동쪽 산에 숨어 올라가 횃불로 신호하면 김함·정유회·김몽린의 군병과 좌우 돌격장의 병졸이 일시에 공격한다는 작전 계획을 세웠다. 11월 25일 날이 밝자 개령의 왜군이 먼저 거창을 향해 진군한다는 첩보를 접하고 이곳을 먼저 공격하기로 하고, 돌고개, 즉 석현石峴의 산 위에 매복하여 접근하는 왜군을 공격하여 석현전투가 벌어지게 되었다.

경과 : 석현의 산 위에 매복한 의병군은 미리 쌓아 두었던 돌을 산 아래 왜군에게 투척하고 활을 쏘았다. 이 전투는 쌍방 간 진격과 후퇴가 세 번이나 거듭될 정도로 격렬하게 벌어졌는데, 결국 왜군이 물러남으로써 끝이 났다. 석현의 전투에서 계원장 김충민과 함양의 정병 최운의 노비 억복이 말탄 왜장을 사살하는 전과를 올렸다. 아군의 경우도 군관 유사홍이 전사하고, 장암 의병장 권응성權應聖이 전사한 것으로 전해진다.

『정읍의병사』(2006) 기록

본관 여흥驪興. 자 종용 용종龍從. 봉사奉事 은관恩寬[6]의 아들. 음사蔭仕로 벼슬이 사복시첨정司僕寺僉正 용담현령龍潭縣令에 이르렀다. 1592년(선조 25) 임진왜란에 정윤근鄭允謹과 의병 이백여 명을 거느리고 각 고을을 돌아 군량軍糧과 군기軍器를 모으고 군오軍伍를 정했는데 의병대장義兵大將으로 추대되고 정윤근은 부자副將이 되었다. 웅자熊字를 군표軍標로 정하고 스스로 비의장飛義將이라 했다. 의병을 이끌고 팔량치八良峙를 넘어 함안咸安 등지로 들어가 많은 전과를 거두었다.

---

6 '사관(思寬)'의 잘못 표기로 보임.

다음 해 6월에 왜군이 진주성晉州城을 포위하고 있었다. 이때 민여운은 2백여 명의 의병을 거느리고 있었는데 동생공사同生共死를 혈서血書로 맹세하고 김천일金千鎰, 고종후高從厚(고경명의 아들), 최경회崔慶會(경상병사) 황진黃進(충청병사), 심우신深友信(표의장彪義將深) 등과 진주성으로 들어가 접전 7일에 많은 전과를 올리고 10여 군데의 창상創傷을 입고 손이 부러져 있는데도 독전督戰을 하다가 적의 화살에 맞아 전사하니 정윤근이 대장이 되어 독전했다. 용맹했던 종奴 추동秋同이 함께 전사했다.

뒤에 선무원종훈宣武原從勳에 표하고, 통정대부通政大夫 승정원 좌승지承政院左承旨에 증직되고 1858년(철종 9) 이조참판吏曹參判에 가증加增되었다.

참고자료 : 호남절의록, 정읍군사, 여흥민씨족보[7]

---

7   최현식,『정읍의병사』, 정읍문화원, 2006, 56~57쪽.

참고문헌

임진왜란 당시 호남의병과 정읍

『난중잡록』, 『선조실록』, 『월봉해상록』, 『은봉전서』, 『이충무공전서』, 『함재근왕록』, 『호남절의록』

김덕진, 『소쇄원 사람들』, 다할미디어, 2007.
_____, 『전라도의 탄생』 1, 2018.
_____, 『전쟁과 전라도 지역사』, 선인, 2018.
김동수 교감·역주, 『호남절의록』, 경인문화사, 2010.
송정현, 『조선사회와 임진의병 연구』, 학연문화사, 1998.
이장희, 『임진왜란사연구』, 아세아문화사, 1999.
이형석, 『임진전란사』 중, 1974.
전라문화연구소, 『임진왜란 웅치전투와 그 전적지』, 선명, 2006.
정읍시사편찬위원회, 『정읍시사』, 2003.
조원래, 『임진왜란과 호남지방의 의병항쟁』, 아세아문화사, 2001.
_____, 『임진왜란사 연구의 새로운 관점』, 아세아문화사, 2011.
최영희 외, 『임진왜란과 이치대첩』, 1999.
최현식, 『정읍의병사』, 정읍문화원, 2006.

김덕진, 「임진왜란과 진주 삼장사」, 『역사학연구』 57, 호남사학회, 2015.
김동수, 「정유재란기 호남지역 의병의 향토방위전 사례 검토」, 『역사학연구』 30, 호남사학회, 2007.
김만호, 「조선후기 장성 지역의 남문창의 기억과 그 의미」, 『역사학연구』 67, 호남사학회, 2017.
노영구, 「정유재란 시기 전라도 지역 일본군 동향과 조선의 대응」, 『전북사학』 65, 전북사학회, 2022.
이동희, 「전주사고본 『조선왕조실록』의 정읍 내장산 이안과 수호」, 『조선시대사학보』 98, 조선시대사학회, 2021.

이선아, 「전라도 고부 의성김씨의 도계서원과 호남 노론」, 『지방사와 지방문화』 19-2, 역사문화학회, 2016.

이장희, 「정묘·병자호란시 의병 연구」, 『국사관논총』 30, 국사편찬위원회, 1991.

하태규, 「정유재란기 전라도 지방의 의병활동에 대하여」, 『한일관계사연구』 10, 한일관계사학회, 1999.

임진왜란 시기 민여운의 의병활동

『난중잡록』, 『백사집』, 『선조수정실록』, 『선조실록』, 『은봉전서』, 『일성록』, 『호남절의록』
『驪興閔氏世系譜』(1권), 驪興閔氏世系譜 刊行委員會, 1973.
『井邑郡史』, 井邑郡文化公報室, 1985.
『新編 井州 井邑 人物志』, 井邑文化院, 1990.
『全羅文化의 脈과 全北人物』, 全北大學校 全羅文化研究所, 1990.
안방준 저, 안동교 번역, 『國譯 隱峯全書(Ⅰ)』, 보성문화원, 2002.
『井邑市史』, 井邑市史編纂委員會, 2003.
『정읍의병사』, 정읍문화원, 2006.
閔庚燮 편저, 『驪興閔氏人物史集』, 범아출판사, 2009.
조원래 편집, 『임진왜란과 진주성전투』, 국립진주박물관, 2010.
『한국사 29(조선 중기의 외침과 그 대응)』, 국사편찬위원회, 2013.
안방준 원저, 신해진 역주, 『호남의록·삼원기사』, 역락, 2013.
(사)한국고전문화연구원 편, 『전북인물사전』, 전라북도·(사)한국고전문화연구원, 2018.
김천일 지음, 김익두·허정주 옮김, 『건재 김천일 전집』, 문예원, 2018.
조동수·홍영기·김만호·윤현석, 『新 남도의병사』, (재)한국학호남진흥원, 2021.
『驪興閔氏世譜』(1~2권), 驪興閔氏大宗會, 2022.
趙湲來, 「全羅右義兵과 崔慶會 一家의 義兵運動」, 『和順地方의 壬亂義兵活動』, 和順郡, 1988.
김강식, 「임진왜란 시기 진주성전투(晋州城戰鬪) 참가자의 포상(襃賞) 과정과 의미 -『충렬록(忠烈錄)』을 중심으로 -」, 『지역과 역사』 17, 부경역사연구소, 2005.
조원래, 「두 차례의 진주성전투와 그 역사적 의의」, 『진주성전투의 재조명 - 국제학술세미나 자료집』, 진주문화원, 2005; 『임진왜란과 진주성전투』, 국립진주박물관, 2010(재수록).

제장명, 「임진왜란기 제2차 진주성전투와 조선관군의 전술」, 『軍事硏究』 122, 陸軍本部, 2006.
하태규, 「임란기 호남지역 의병운동의 추이」, 『전북사학』 32, 전북사학회, 2008.
김강녕, 「임진왜란시 제1, 2차 진주성전투의 군사사적 함의」, 『군사논단』 58, 한국군사학회, 2009.
김동수, 「호남절의록의 사료가치 검토(1)」, 『역사학연구』 44, 호남사학회, 2011.
신윤호, 「제2차 진주성전투와 일본군의 실상」, 『해양문화연구』 9, 전남대학교 이순신해양문화연구소, 2013.
김영나, 「임진왜란 시기 2차 진주성전투 순절자의 참전과정과 활동양상」, 『전북사학』 45, 전북사학회, 2014.
김만호, 「호남의병과 제2차 진주성 전투」, 『충무공 이순신과 한국 해양』 10, 해군사관학교 해양연구소, 2023.

'정읍학'의 입장에서 본 의병장 민여운 선생 관련 사료들의 의미와 가치

『조선왕조실록』(선조실록), 『선조수정실록』, 『복남지(伏南志)』, 『월파집(月坡集)』, 『호남절의록』, 『태인삼강록』, 『김천시사』, 『한국민족문화대백과』, 『디지털향토문화대전』(김천시).

김익두 외, 『일재 이항의 사상 학문 이론에 관한 새로운 시각들』, 서울: 문예원, 2014.
_____, 『일재 이항 선생과 그의 제자들』, 서울: 문예원, 2015.
_____ 외, 『정읍사상사: 샘골 사상의 21세기적 비전』, 서울: 민속원, 2017.
_____, 『일재 이항과 호남사상』, 서울: 문예원, 2018.
김익두·허정주, 『샘고을[井邑] 원정元貞 마을: 원형이정元亨利貞을 갖춘 생태 민속 마을』, 서울: 광대와바다, 2019.
김천일 지음, 김익두·허정주 옮김, 『건재 김천일 전집』 Ⅰ~Ⅱ, 서울: 문예원, 2018.
민득기 제공, 민여운 관련 자료들.
안방준 지음, 안동교 옮김, 『국역 은봉전서國譯 隱峯全書(Ⅰ)』, 보성문화원, 2002.
안의·손홍록, 『임계기사』, 필사본, 1592~1593.
이항 지음, 권오영 옮김, 『일재선생문집』, 정읍: 일재선생문집국역추진위원회, 2002.
최현식, 『정읍의병사』, 정읍: 정읍문화원, 2006.

찾아보기

가

가노家奴 48, 73, 78, 81, 120, 135, 175, 179, 182
가문 및 인품 84
강시언 26
강항姜沆 22
「건재 선생 문집 서문健齋先生文集序」 63
고경명高敬命 13, 14, 16~18, 21, 26, 29, 33, 34, 43, 44, 48, 49, 53, 58, 68, 75, 83, 91, 96, 98, 100, 117, 134, 135, 154, 163, 169, 176, 185
「高麗陣諸將郡割並二陣立人數書出案」 22
고봉익 26
고부립 26
고종후高從厚 26, 33, 36, 43, 50~53, 56~58, 71, 72, 74, 75, 78, 79, 81, 83, 90, 96, 104, 105, 107, 117~120, 138~140, 148, 152, 173, 175, 176, 179, 180, 182, 185
고정헌高廷憲 29
『고흥삼강록』 29
곽재우郭再祐 15, 19, 115, 116, 153
교우관계 85, 86

구례求禮 석주관石柱關 20, 22
『국조보감』 24
권극평 20, 64, 90, 91, 125
권율權慄 13, 15, 18~21, 26, 34, 68, 115, 122, 170
근왕勤王 11, 13, 16, 153, 154
근왕 의병勤王義兵 16
『금릉창의록』 29
금산전투 14, 43, 91, 96, 98
기대승 24
기정진奇正鎭 63
기효증奇孝曾 24, 27, 34
김개남金開南 4, 142
김경수金景壽 16, 27, 99
김경억金慶億 25, 68, 170
김대립金大立 25, 48, 49, 59, 63, 69, 91, 170
김덕령金德齡 14
김덕우 25
김면金沔 46, 47, 59, 76, 82, 88, 107, 108, 110~112, 136, 137, 150, 151, 177, 183, 184
김복억金福億 25, 49, 64, 68, 90, 91, 170
김성은 29
김성일金誠一 39, 75, 107, 108, 112, 133,

137, 177
김숙명 27
김시민 46, 113, 140, 152
김신문 18, 64, 90, 91
김제민金齊閔 18, 27
김준엽 26
김지문 27, 64
김지백金知白 25, 49, 64, 68, 90, 91, 170
김진태金振兌 18, 64, 90, 91
『김천시사金泉市史』 5, 82, 87, 88, 183
김천일金千鎰 4, 5, 13, 18, 19, 33, 34, 36, 50~54, 56~59, 63, 71, 72, 74, 75, 78, 79, 81, 83, 90, 96, 104, 105, 107, 116~120, 138~140, 148, 151, 152, 154, 161, 173, 175, 176, 179, 180, 182, 185
『김화군읍지』 37, 38
김후진金後進 16, 25, 48, 49, 59, 63, 64, 68, 90, 91, 125, 155, 162, 170

나

『난중잡록亂中雜錄』 24, 43, 46, 52, 55, 75, 108, 113, 134, 138, 177
남문창의 16, 49, 125
남원성전투 20, 21, 47

다

동학농민혁명 4, 131, 132, 142, 155, 160

마

면암 최익현 4
모군모속募軍募屬 13
모리 테루모토毛利輝元 47
무주 적상산성 22
민여운閔汝雲 5, 20, 31, 33~37, 39, 42~44, 46~53, 55, 56, 58~61, 64, 65, 68, 69, 71~93, 96~100, 102, 104~113, 117~119, 121, 123~127, 129, 132~142, 144, 146~148, 150~152, 154~158, 161~163, 169, 170, 173, 174, 176~183, 185
민여운 부대의 진군로 104
민여운 선양사업 129
민여운 의병장 관련 사료 및 유적지 132
민여운 의병장 유적지 144
민여운 의병장의 창의 133
민여운의 의병부대 43, 44, 47, 58, 69, 88

바

박기서 4
박준승朴準承 4, 142
방원진 25
배흥립 18
백광언白光彦 18, 28, 64, 90, 91, 125, 163
『백사별집』 5
『백사집白沙集』 55, 74, 139, 144, 175
벼슬 83~86, 91, 134, 184
변사정邊士貞 34, 43, 53, 54, 71, 72, 74, 91, 96, 117, 118, 138, 173, 174, 176

『복남지伏南志』 73, 174
「북정일록北征日錄」 39

사

사발통문 131
「삼원기사三冤記事」 28
석현[돌고개]전투石峴戰鬪 5, 82, 86~89, 96, 109, 110, 112, 113, 135, 149~151, 154, 155, 183, 184
석현전투지石峴戰鬪址 148, 149, 151
선무원종훈宣武原從勳 78, 79, 81, 83, 90, 105, 120, 142, 179, 181, 182, 185
선양사업의 방향과 방안 129, 132
선조 4, 12, 13, 15, 24, 48, 63, 162
『선조수정실록』 24, 51, 54, 72, 116, 117, 138, 173
『선조실록』 52, 55, 114, 122, 138
『선조왕조실록』 71, 173
성장 85, 124
손홍록孫弘祿 4, 21, 22, 25, 48, 63, 64, 67, 68, 86, 90, 91, 100, 109, 126, 134, 155, 156, 162, 169, 170
손화중 4
송상현 18, 28, 33, 34, 64, 90
『송암유고松菴遺稿』 46, 112, 144
『승정원일기』 141
신립 24
『신편 정주 정읍 인물지新編井州井邑人物志』 47
신호申浩 4, 21, 28, 64, 90
실록각實錄閣 21, 22

아

안방준安邦俊 14, 25, 27, 28, 43, 52
안의安義 4, 21, 25, 48, 59, 63, 64, 67~69, 86, 90, 99, 100, 109, 126, 131, 134, 155, 156, 162, 169, 170
안진 26
양몽열 25
양산숙梁山璹 28, 53, 56, 57, 139, 140, 152
업적 5, 30, 64, 84, 89, 91
『여흥민씨세보』 36
오봉치五鳳峙 23
오산사鰲山祠 16
오익창 25
『용담현읍지龍潭縣邑誌』 39, 40
우지령牛旨嶺 44, 46, 59, 76, 88, 96, 108~110, 135, 177
웅치 전투 18, 90, 91
『월파집月坡集』 75, 87, 98, 99, 176
유즙 26
유철견 26
유평柳玶 14, 26
의곡계운장義穀繼運將 100, 134, 162
의곡義穀 24, 25, 48, 49, 67, 169
의곡장義穀將 24
의병 부대의 대원 수 89
의병 창의 35, 95, 156
의병 창의 배경 95
의병대에 대한 후원 99
의병義兵 4, 5, 13~19, 25~30, 33, 42, 43, 46, 48, 49, 52, 57, 59, 60, 63~65, 70, 72, 73, 75, 77, 78, 81~84, 87, 90~92, 96~98, 100, 102~104, 108, 110~112,

116, 117, 121, 122, 125, 132~134, 137~141, 143, 146, 148, 150, 151, 153~157, 161, 162, 171~174, 177, 179, 182~185
의병장 민여운 선생 관련 사료 61, 189
의병활동 11, 15, 26, 27, 31, 33, 35, 42, 47, 49, 59, 60, 87, 89, 92
의인義人의 고장 4
이대축 18, 64, 90
이복남 17, 20, 21, 34
이수일 16, 25, 64, 69, 90, 91, 170
이순신李舜臣 4, 11, 13, 14, 18, 21, 23, 34, 91, 99, 113, 154
이신방 20, 21
이원익李元翼 11, 20
이잠李潛 28, 43, 53, 56, 58, 72, 74, 118, 138, 139, 152, 174, 176
이조참판吏曹參判 36, 59, 79, 83, 90, 105, 124, 141, 142, 181, 185
이치전투 16, 18, 154
이항李恒 4, 49, 63, 84, 96, 162
이환 18, 64, 90, 91
『일성록日省錄』 44, 46, 76, 88, 108, 113, 135, 177
『임계기사壬癸記事』 65, 84, 86, 100, 134, 135, 167
임란의병 25
『임병창의록』 29
「임정충절사적壬丁忠節事蹟」 28
임진예란과 정읍 132
『임진창의시동고록壬辰倡義時同苦錄』 45, 46
입암산성 23, 91

자

장윤張潤 28, 33, 43, 52, 53, 55~57, 71, 72, 74, 75, 118, 119, 138~140, 173, 175, 176
장표章標 20, 21, 52, 98, 134, 157
전덕린 18, 64, 90, 91
전봉준 4, 160
전용관 18
전투 전개 상황 118
정담 17, 27
『정묘거의록』 28
정묘호란 25~29, 64, 76, 178
정윤근鄭允謹 20, 42, 43, 47, 48, 51, 56, 58, 59, 64, 73, 75, 77~81, 83~87, 90, 91, 97~99, 105, 106, 109, 119~121, 123~126, 132, 133, 141, 143, 144, 147, 148, 151, 155, 158, 161, 174, 176, 179~182, 184, 185
정윤근의 죽음 121
『정읍의병사』 48, 64, 83~85, 90, 184
정인홍鄭仁弘 24, 46, 59, 76, 88, 96, 107, 108, 112, 137, 177
제1차 진주성 전투 19, 46, 104, 137, 154
제2차 진주성 전투 5, 18~20, 33, 36, 47~57, 59, 60, 89, 104, 138, 154, 155
「제현사실」 16
조경남趙慶男 24, 43, 52
『조선왕조실록』 4, 5, 11, 21, 48, 99, 132
조·명 연합군 19
중국중中國衆 22
지례전투知禮戰鬪 136, 137
진주 삼장사 19

「진주서사晉州敍事」 28, 52
진주성 싸움 113, 141, 143
진주성 전투지 151
진주성전투의 영향 123

차

창의倡義의 규모와 동지 97
창의의 시기 98
창의의 장소 99
최경행 25, 64, 90, 91
최경회 5, 19, 20, 28, 33, 36
최경회 부대 46, 90
최경회 의병부대 89
최경회와 민여운의 관계 86, 109
최경회崔慶會 43, 44, 46~53, 56~59, 68, 71, 72, 74~76, 78, 79, 81~83, 85~90, 96, 100, 104, 105, 107~112, 117~121, 123, 125, 135~140, 148, 150~152, 161, 169, 173, 175~177, 179~183, 185
최안 25, 64, 90, 91
최억룡 20, 56, 58, 64
최준 21, 64, 90, 91
추동秋同 48, 51, 56, 58, 68, 73, 78, 81, 83, 120, 135, 142, 169, 175, 179, 182, 185
추증 36, 59, 89, 141, 143, 161, 163
출생시기 84
출생지 85
칠천량 해전漆川梁海戰 20

타

태인 고현내古縣內 47, 48, 85, 89, 161
『태인군읍지泰仁郡邑誌』 48
「태인민의병군량권유문泰仁民義兵軍糧勸諭文」 100, 135
『태인삼강록泰仁三綱錄』 5, 51, 80, 84, 85, 87~89, 104, 124, 181
『태인현읍지泰仁縣邑誌』 48

파

팔량치八良峙 42, 44, 46, 59, 83, 141, 143, 184

하

『학봉일고鶴峯逸稿』 5, 75, 88, 107, 137, 177
『함재근왕록涵齋勤王錄』 24
향보의병鄕保義兵 22, 23
『호남병자창의록』 28
『호남삼강록』 29
『호남의록湖南義錄』 27, 28
『호남절의록湖南節義錄』 5, 16, 29, 33, 37, 42, 43, 47, 48, 50~52, 55, 59, 60, 76, 79, 83, 84, 87~89, 97, 104, 117, 119, 121, 124, 126, 132, 178, 180, 185

글쓴이(게재순)

김덕진
광주교육대학교 교수.

김만호
전남연구원 책임연구위원.

김익두
전 전북대 국문과 교수, 현 정읍학연구회장, 사단법인 민족문화연구소장.

민득기
전 전라북도 교육청 사무관, 현 민여운선생선양회 임원.

박대길
전북민주주의연구소 소장.